面白すぎて誰かに話したくなる

蔦屋重三郎

伊藤賀一

JN129052

リベラル新書

べらぼう 蔦重Q&A

Q一 **蔦重はいつ頃の人？**
㋑平安時代　㋺鎌倉時代　㋩戦国～安土桃山時代　㋥江戸時代中～後期

Q二 **蔦重はどこ出身の人？**
㋑江戸吉原　㋺京都島原　㋩大坂新町　㋥長崎丸山

Q三 **蔦重の身分は何？**
㋑武士　㋺農民　㋩職人　㋥商人

Q四 **蔦重を一言で表すと？**
㋑剣豪　㋺学者　㋩出版人　㋥芸術家

Q五　蔦重が新たに生み出したジャンルは？

㋑吉原細見　㋺黄表紙　㋩洒落本　㋥狂歌絵本

Q六　蔦重と同世代でブレーン的な役割を果たした幕府の下級武士とは？

㋑朋誠堂喜三二　㋺恋川春町　㋩大田南畝〈蜀山人〉　㋥長谷川平蔵

Q七　蔦重を処罰した幕府の老中とは？

㋑田沼意次　㋺松平定信　㋩水野忠邦　㋥井伊直弼

Q八　蔦重が最も頼りにしたマルチな才能をもつ町人出身の戯作者とは？

㋑平賀源内　㋺石川雅望〈宿屋飯盛〉　㋩山東京伝　㋥十返舎一九

Q九　蔦重が蔦屋の手代として一時雇っていた戯作者とは？

㋑朋誠堂喜三二　㋺山東京伝　㋩十返舎一九　㋥曲亭馬琴

Q十　蔦重が売り出しわずか十カ月で消えた謎の絵師とは？

㋑喜多川歌麿　㋺東洲斎写楽　㋩葛飾北斎　㋥歌川広重

Q十一　蔦重が死んだのは何歳の時？

㋑三二歳　㋺四七歳　㋩七四歳　㋥百歳

➡答えは193ページ

はじめに

日本では近年、モヤモヤ、ハラハラ、イライラすることが多いですね。

歴史というのは大きく「政治」「外交」「経済」「文化」の四要素に分かれますが、停滞する「政治」にモヤモヤ、綱渡りのような「外交」にハラハラ、一向に回復する兆しがみえない「経済」にイライラ。そこに台風・地震・噴火などの自然災害がいつ襲ってくるかわからない（悪いほうの）ドキドキまで……。ならばせめて「文化」では、（良いほうの）ドキドキや、未来に対するワクワクを感じたいものですね。

現代の世相は、十八世紀後半、江戸時代中期～後期にさしかかる頃に似ています。それは一言でいえば「**停滞**」。マンネリ化した政権、近隣諸国の脅威、物価高騰と拝金主義、大都市への人口集中と地方の衰退、第三次産業（商業・サービス業）の発展と第一次産業（農林水産業）の不振、あいつぐ自然災害……。**どうにも調子が悪い**。

いきなりクイズで登場する**蔦屋重三郎**〔**蔦重**〕（一七五〇～九七年）は、江戸の「停滞」を打ち破る力をもったドキドキ・ワクワクする「文化」の人でした。多くの資料は残っていなくても、その生涯で果たした実績を見れば、人を引き付ける魅力と、人生を生き切った充実感にあふれています。まるで月と太陽のよう……！　誠実な態度と気風の良さ、圧倒的な熱量と不屈の精神から、現代の私たちが学べることは多いと思います。だからこそ二〇二五年のＮＨＫ大河ドラマ『べらぼう〜蔦重栄華《えいが》乃《の》夢噺《ゆめばなし》〜』の主人公となったのでしょう。

吉原という公娼街に町人として生まれ育ち、そのまま江戸で四七年の生涯を過ごした蔦重は、いろんな意味で凄い人です。昨今は「親ガチャ」「教師ガチャ」「上司ガチャ」「国ガチャ」「世代ガチャ」「性別ガチャ」等、スタート時の有利不利が取り沙汰されがちで、それぞれの立ち位置から対立をあおる言説が目立ちますが、蔦重なら「細けえこと言うなって！」と笑い飛ばすかもしれません。

本書で明るい気概の一端を感じて頂ければ、著者として、べらぼうに幸せです。

伊藤賀一

面白すぎて誰かに話したくなる　蔦屋重三郎／目次

第二章 蔦屋重三郎を取り巻く文人・絵師 ～蔦屋「耕書堂」に集う才能～

第三章　謎の絵師・東洲斎写楽　〜十カ月で消えたジョーカー〜

第四章　時代背景　〜「政治」「外交」「経済」「文化」〜

終章 蔦屋重三郎は何者だったのか？

目次

本書について

●西暦年代を先、元号〈年号〉を後の表記としています。一年＝三五四日の太陰太陽暦〈旧暦〉に合わせています。

●登場人物の年齢は、江戸時代の風習の「数え年」ではなく現代に合わせて「満年齢」としています。また、便宜上一月一日に誕生日が来たと仮定、すなわち「満〇〇歳になる年」の表記としています。

●カッコ書きについてのルールは、〈 〉が同じものの言い換え、（ ）は補足説明としています。

●巻頭の「べらぼう蔦重Q&A」は、二〇二五年度のNHK大河ドラマ『べらぼう～蔦重栄華乃夢噺～』を楽しむために、ぜひ知っておいたほうがよい知識を簡単な四択クイズにしたものです。巻末付近に解答があります。読了前・読了後どちらでも結構ですが、解いてみてください。

●巻末付近に江戸の簡単な地図が掲載されています。新吉原や日本橋といった、蔦屋「耕書堂」があった場所や隅田川（大川）・江戸城との位置関係を確認してください。

●巻末の「蔦重」をより楽しむためのキーワード集は、より細かく知識を得たい人、読んでいる最中に江戸時代の用語の中身を確認したくなった人、などに向けて設定した用語集です。適宜参照してください。最も効果的なのは「本編を読了後に一気に読む」ことだと著者は思っています。

●政治史上にも現れる人物に比べ、文化史上のみに現れる人物に関する史料・資料は、著作物や制作物が中心であることから少ないことが多いです。蔦屋重三郎はもとより、他の人物も謎の部分が多く、「諸説あり」をある程度前提として、読者の方が読みやすいように、著者のほうで（ファクトチェックは意識しつつも）チョイスしたりデフォルメさせていただいています。本書もまた「戯作」の一つなのかもしれません。

序章　成功への道

偶発的要素を前向きに活かす天才

江戸時代中期〜後期を生きた**蔦屋重三郎**（一七五〇〜九七年）が、「**メディア王**」たる地位を築けたのは、現代社会では「〇〇ガチャ」と呼ばれるような、自ら選べない**偶発的要素を前向きに活かした**からだといえるでしょう。

彼の生涯を振り返れば、大まかに七つの要素が浮かび上がります。

一つめは「**出自**」を活かしたこと。グレーゾーンながら最新情報が集まる流行発信地の公娼街・吉原で生まれ育った強みを活かし、商売を軌道に乗せていきます。一定の成功を収めた後は、最高の接待場所たる吉原を、詳しく案内することもできました。

二つめは「**家庭の事情**」を活かしたこと。七歳の時に両親が離縁して吉原の茶屋に養子に出ますが、唯一の出入り口である（＝全員が必ず通る）大門《おおもん》前に位置する義兄の店の軒先を借りて起業します。商売で最も重要なのは、今も昔も立地ですからね。また、吉原で成功して日本橋に進出する際、両親を呼び戻し一緒に暮らしています。これは蔦重の度量の大きさを示す、「深イイ話」になったことでしょう。

三つめは「**競合相手の失敗**」を活かしたこと。吉原ガイド本を独占状態としていた版元が危機に陥った際、蔦重は販売代理店の立場から自然な感じで（まるで危機を一時的に救ったかのように）、入れ替わりで上がっていきます。

四つめは「**流行（ブーム）**」を活かしたこと。江戸で浄瑠璃《じょうるり》が流行すれば浄瑠璃本を、狂歌が大流行すれば狂歌本を出版します。自らも狂歌師の一員となり業界に深く食い込み、狂歌と浮世絵を合わせた狂歌絵本という新ジャンルまで創出しています。

五つめは「**業界の弾圧**」を活かしたこと。世の中が緩《ゆる》い「田沼時代」から厳しい「寛政の改革」に変わった際、二種類の出版物が弾圧され、作者のみならず版元の蔦重も処罰されます。また、世相が変わったことから流行り物も落ち着いてしまいます。しかし、大衆書中心に商売をしてきた蔦重は、浮世絵を売り出したり専門書に手を拡げたりして、弾圧前を凌《しの》ぐ話題を得たり経営を安定させたりしているのです。

六つめは「**自らの死**」までも活かしたこと。現代でも言えることですが、カリスマ創業者のいる大企業の世代交代は本当に難しいこと。蔦重は、（不謹慎な書き方ですが）特に長生きもせず、（継がせる実子がいなかったこともあり）死の直前に自らの右腕だった番頭に店舗・出版物の版権・財産などを綺麗さっぱり移譲しています。引き際が見事！　これにより、蔦重の死後も「二代目蔦屋」は隆盛を極めていきます。

そして七つめ、というより全てを総括して言えることは「**時代背景**」を活かしたことです。蔦重の商いは、緩い「田沼時代」に業績を伸ばし、厳しい「寛政の改革」を潜り抜け、やけっぱちの「大御所政治」で、二代にわたり全盛期を迎えます。

以上、すべて運や縁の要素が強いのかもしれませんが、蔦重は偶発的に起きたマイナス不運をプラスの幸運に変える明るさや発想を持っていました。そして、一度掴んだ縁を離さない握力の強さを持っていたように思えます。

彼が生きていれば、こう言うかもしれません。

「正解の道なんざねえよ。選んだ道を正解にしていくんだ、違うかい？」

第一章

蔦屋重三郎の生涯

〜べらぼうな人生〜

吉原育ち

今も昔も里帰り出産は多いので、細かい出生地はともかく、（幼少時の育ちという意味の）**出身地**は生涯ついてまわるもの。身分制社会&家社会の江戸時代ならもちろん「どんな家に生まれたか」という家柄も重要ですが、男なら長男以外は養子に出ることも多く、女なら嫁入りするので、家柄に関しては意外とアバウトでした。

だからこそ、**蔦屋重三郎の出身地が吉原だった**、というのはなかなかのインパクト。吉原勤めの人間に用心棒の牢人以外、武士はいないはずなので、**町人の家**で育ったということです。

ちなみに江戸の吉原とは、京都の島原、大坂の新町と並ぶ当時の三大公娼街です。江戸・京都・大坂は「三都」と呼ばれる幕府の重要直轄地で、そのすべてに公認の売春街がありました。吉原は、元は日本橋付近（現在の中央区日本橋人形町）にあり、一六五七（明暦三）年の「明暦の大火《たいか》（振袖火事）」の後、浅草の浅草寺《せんそうじ》の裏手に（現在の台東区千束）に移転しました。移転前の前者を「元《もと》吉原」、郊外へ移転後の後者を「**新吉原**」といいます。

さて、そんな「新吉原」の町人の家で育った蔦重の一生を、わかる限りで記していきましょう。

九代将軍徳川家重の治世――といっても大御所の有徳院《うとくいん》（もと八代将軍徳川吉宗）が実権は握っていましたが――の一七五〇（寛延三）年一月七日。蔦重は、尾張国《おわりのくに》（現在の愛知県北部）出身とされる父・丸山重助と、江戸生まれの母・広瀬津与《つよ》の間に生まれました。父は吉原で何かの仕事をしていたようですが、詳しくはわかりません。また、兄弟姉妹がいたかどうかも不明です。幼名は「柯理」ですが、これを「からまる」と読むのはどうやら後付けのようです。歯切れが悪くすみません。史料が残っていないものですから……。

七歳の時、**両親が離別**した際に行き場を失い、吉原で**引手茶屋《ちゃや》を営む喜多川（北**

系　図

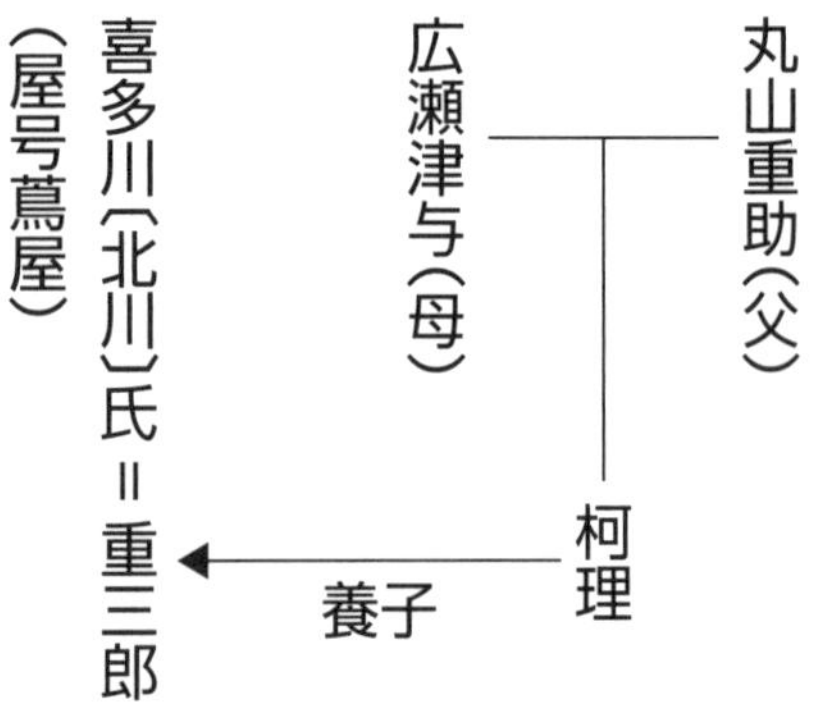

川〕家）の養子として引き取られました。引手茶屋とは、男性客と妓楼《ぎろう》〔遊女屋〕の仲立ちをする茶屋のことです。

その後、十代半ば～後半に元服（＝成人式）を済ませ、家業の茶屋の手伝いをしていたことと思われます。喜多川家は養父となる主人（じつは叔父という説も）が吉原内の仲之町通で「駿河屋」、義兄が吉原大門口で「**蔦屋**」という引手茶屋を営んでいたので、双方に出入りしていたかもしれませんね。

義兄がいるということは、特に跡継ぎに望まれて養子に入ったわけではなさそうですから、このような境遇が通常でしょう。

若《わけ》え頃なんてのはさ、苦労したほうがモノになるって話だけど、それでも餓鬼《ガキ》の頃に父ちゃんと母ちゃんが別れちまって、どっちも連れてってくれなかったから天涯孤独。寂しかったよ正直。どんな伝手《つて》があったか知らねえけど、喜多川家に拾ってもらってさ、商売のイロハまで学べたのは感謝してる。本当にありがてえ。

いつかね、自分も商売上手くいったら実の両親呼び戻してさ、一緒に暮らそうって思ったんだ。

しかしまあ、いろんな身分の御仁《ごじん》が集まる吉原に詳しくなったのは、後の仕事を考えりゃ、大当たりだったな……。ほら、「なか」は皆知り合いだからさ。夢を売る場所だからこそ、虚実ない交ぜの中で、たくましく生きていく運命共同体っていうか、あとほら皆、「そと」と違い揃いも揃って夜更《よふ》かしだしねえ。

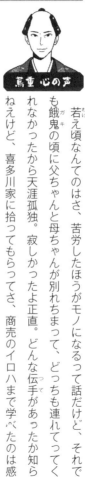

光と闇、太陽と月。究極のところ妖しいほうが魅力はあるんだ。それを売ってるこっちは徹底的に現実主義者でなくちゃ。所詮《しょせん》「世の中」はカネさ。「自分の中」は違ってもね。

小商いから吉原細見の人気版元に成長

一七七二（安永元）年、二三歳になった蔦屋重三郎は、吉原大門の門前にある五十《ご じゅっ》間道《けんみち》で引手茶屋を営む義兄・蔦屋次郎兵衛の軒先を借り、小さな書店を開きました。のちに「**耕書堂**《こうしょどう》」と呼ばれるようになる店です。当時、日本橋の地本《じ ほん》問屋（＝大衆本・浮世絵の「版元」）であった鱗形屋孫兵衛《うろこがたや まご べ え》の「鶴鱗堂」がほぼ独占状態で出版していた吉原ガイド本＝**吉原細見**《よしわらさいけん》（書名は『細見嗚呼御江戸』）の販売代理店、すなわち「**卸**《おろし》**売**《うり》」「**小売**」業としてのスタートでした。そして「**貸本**」業の株＝権利も首尾よく手に入れ、「卸売」「小売」「貸本」業を同時並行で行ったようです。

二年後の一七七四（安永三）年、鱗形屋の手代・徳兵衛が、上方（京都・大坂）の版元（板元）との間で同じ物を改題して無断出版する「重版《じゅうはん》（重板）」トラブルを起こして江戸から追放されるという事件が起きました。主人の孫兵衛も罰金刑を受け、鱗形屋は春・秋と年二回発行するはずの吉原細見を、一時的に出版できなくなったのです。

この頃、吉原細見の改め＝編集者として内容の一部に関わるようになっていた二四歳の蔦重は、これを機に吉原各店の上級遊女＝花魁《おいらん》を実際の花に見立てて紹介する**遊女評判記**『**一目千本**《ひとめ》』をまるごと編集・**初出版**して「**版元**」業に進出したのです。

吉原細見の変種ともいえるこの本は、妓楼に卸して一般には販売せず、遊女本人から上客への贈り物にしてもらうことで希少価値がつき口コミで評判を呼び、二年後に鱗形屋の吉原細見が復活した後も、話題となり続けました。

こうして人気の**地本問屋**（**地本屋**）となった蔦重は、三三歳になる一七八三（天明三）年までに鱗形屋などから吉原細見の版権を続々と買い取りいっぱしの「版元」となり、「卸売」「小売」「貸本」の販売・貸出網を整備しました。そして、**吉原の案内**

本・評判記などの本を『吉原細見』という呼称に統一し、このジャンルを独占することになったのです。時にはマルチな才能で知名度の高かった**平賀源内**《ひらがげんない》（一七二八～七九年）にまで「福内鬼外《ふくうちきがい》」名義で序文を書いてもらい、これもまた話題になりました。

九年かかったけど、俺の『吉原細見』独占がなんで上手くいったのかわかるかい？

まず、従来の物に比べ判型を大きくしてレイアウトにも凝って「**見やすさにこだわった**」。その一方で、紙面から余分な装飾を削ってページ数を半分に減らし、一冊にかかる費用を「安上がりにした」んだ。

次に、確実に収益の上がる**「貸本」を収入の軸にして様々な本の版権を得るための投資を可能にした**。江戸は参勤交代で各地の大名・家臣が二年のうち一年は暮らさなきゃならない日本一の大都市。お武家さんたちを顧客とする職人や商人も集住するわけで、寺子屋教育が盛んになり、庶民ですら識字率は高い。しかも俺の商圏は流行の最先端を行き、日常的にカネが飛び交ってる吉原。本や浮世絵くらい借りて見るわな。

そもそも俺は、**吉原育ちで店舗も吉原大門口**。義兄は門前、叔父は「なか」で引手茶屋をやってるし、出入り自由の情報通だ。よく考えりゃ、『吉原細見』に関しては、日本橋を拠点とする他の版元がいくらデカくても、負けようがねえんだよ。

新ジャンル・新店舗へと挑戦

「卸売」「小売」「貸本」に加え「版元」として三三歳で『吉原細見』出版を独占することになる蔦屋重三郎は、その過程でジャンル・店舗ともに手を広げていきました。

二七歳の一七七七（安永六）年には、三味線伴奏による「語り物」である浄瑠璃節の一派、**富本節《とみもとぶし》の正本・稽古本**の版権を得ました。この頃、江戸では二代富本豊前太夫《ぶぜんだゆう》の人気が高まり、ブームが来ていたのです。

二八歳の一七七八（安永七）年には、これまで間借りしていた義兄・蔦屋次郎兵衛が営む引手茶屋の四軒隣に蔦屋**「耕書堂《こうしょどう》」の新店舗**を構えます。

三十歳の一七八〇（安永九）年には、二つの新ジャンルに挑戦をします。

まずは、**往来物《おうらいもの》**の出版です。これは、往復書簡形式の寺子屋の教科書で、本来は須《す》原屋《はらや》などを代表とする書物問屋《かきもの》（書本屋）（＝歴史書・医学書など専門書の版元）が出す物ですが、版権を上手く得たようです。寺子屋は江戸の各所にくまなくあり、一冊あたりの儲けは少なくても長期の安定収入につながりました。

さらに、**戯作《げさく》**（＝戯れ作品）の一種、**黄表紙《きびょうし》**の出版にも手をつけます。これは、挿絵を主体とした仮名書きの娯楽読み物である「草双紙《くさぞうし》」が、表紙の色から子供向けの赤本、大人向けの黒本・青本と呼ばれ発展し、青＝萌黄色だったことから命名されたものです。

すでに五年前の一七七五（安永四）年、鱗形屋が**恋川春町《こいかわはるまち》**（一七四四〜八九年）の『金々先生栄花夢《きんきんせんせいえいがのゆめ》』を大ヒットさせ、初の黄表紙として話題となっていました。黄表紙は、世相・風俗・事件などを流行りの言葉を交えつつ写実的に描き、そこに風刺・

滑稽・洒落を利かせたナンセンスな笑いを持ち込んで、江戸っ子たちに大ウケします。さらに一七七七（安永六）年、鱗形屋は**朋誠堂喜三二**《ほうせいどうきさんじ》（一七三五〜一八一三年）にも黄表紙を書かせ、以後、春町・喜三二のコンビがヒットを飛ばし、大きな話題になります。彼らは戯作者でもあり、絵師でもあったので使いやすく、黄表紙にピッタリの人材でした。

そして、それに対抗するかのように、鶴屋《つるや》が若い**山東京伝**《さんとうきょうでん》（一七六一〜一八一六年）を発掘し、黄表紙『お花半七開帳利益札遊合《はなはんしちかいちょうりやくのめくりあい》』でデビューさせたのが一七七八（安永七）年です。彼もまた、戯作者でもあり、絵師でもありました。

このように、当時、蔦重が『吉原細見』で健闘してはいても、まだまだ日本橋の鱗形屋孫兵衛や鶴屋喜右衛門が業界トップの地本問屋だったのです。しかしその後、鱗形屋が重版事件のダメージもあり売り上げを落とし、黄表紙の出版がままならなくなっていく中で、機を見るに敏《びん》な蔦重が黄表紙に手を広げ、台頭します。それが前述した三十歳の一七八〇（安永九）年だったということです。

この時、蔦重が採った手法は、なんと「**作者の引き抜き**」でした。傾いてきた鱗形屋の専属的な作家だった恋川春町・朋誠堂喜三二に蔦屋でも書いてもらう、ということです。吉原育ちの蔦重は、引手茶屋や妓楼で酒宴を開き、隅田川〔大川〕で船を出すなどして接待するのはお手のもの。当時、武士や富裕町人の余技扱いで基本的に潤《じゅん》筆料《ぴつりょう》〔作料《さくりょう》〕など出なかった作者たちが、（酒や女の誘惑に負けたわけではないにせよ）待遇の良い版元で書こうとするのは当然です。春町も喜三二も、それぞれ譜代・外様の大名家の江戸詰め藩士でしたから、吉原の通人である蔦重との関係に多いに意味もあるでしょう。また、町人の蔦重も、学のある武家とつながることで、ブレーン的な側面を含めさまざまなメリットがあったはずです。

さて、往来物・黄表紙の出版に手を広げた翌年である一七八一年、元号が安永から天明に代わり、この天明年間には**狂歌《きょうか》の大流行**が起きます。狂歌とは、五・七・五・七・七という短歌形式で、通俗的な言葉を用いて諧謔・滑稽などを詠《よ》み込んだものです。類似のジャンルに川柳《せんりゅう》があり、これは五・七・五と俳諧形式となっています。また、狂詩というものもあり、これは漢詩文の形式を採りました。

狂歌は、当初は上方（京都・大坂）を中心に詠まれましたが、幕政改革で人々の不満が溜まってきた十八世紀中ごろから、江戸で流行するようになります。だから当時、教養豊かな下級武士・富裕な町人が余技として楽しみ、狂名（＝ペンネーム）をもつ人々も多かったのです。ここに蔦重が目をつけないわけはありません。**狂歌本**の出版にも手を広げていきます。

狂歌を詠む人々は、「連《れん》」と呼ばれる集団を形成して活動しており、最盛期には江戸に十以上存在しました。一七八一（天明元）年、三一歳の蔦重は、天明の狂歌ブームの中、より知名度を上げていた幕府の御家人**大田南畝《おおたなんぽ》〈蜀山人《しょくさんじん》〉**（一七四九～一八二三年、狂名は**四方赤良《よものあから》**）に接近します。蔦屋が版元だった朋誠堂喜三二の黄表紙『見徳《みるがとく》一炊夢《いっすいのゆめ》』を高く評価してくれたお礼を言いに、蔦重が南畝の自宅を訪ねたことで交流が始まりました。二人はすぐに意気投合したようで、年内に黄表紙評判記『菊寿草《きくじゅそう》』を、翌年に『岡目八目《おかめはちもく》』を書いてもらっています。

続く一七八三（天明三）年には、南畝すなわち四方赤良やその弟子にあたる石川雅《まさ》望《もち》（宿屋飯盛《やどやのめしもり》）が集う四方（山手）連に加わって**版元ながら狂歌師にもなり**「蔦唐《つたのから》丸《まる》」という狂名を名乗ります。財力のあった蔦重は、四方連に加え朱楽菅江《あけらかんこう》の朱楽連にも接近し、各所に狂歌師たちを集め、女遊びや酒宴、舟遊びを主催します。そして、その場で狂歌を詠み、それを狂歌本にして刊行するという斬新な手段となり、新たな**吉原連**を形成していくのです。

これにより、狂歌師・戯作物・絵師など複数の顔を同時に有する武士・富裕町人の文人たちとの距離を一気に縮め、蔦重の人脈は一気に広がります。だからこそ、のちに狂歌と浮世絵をコラボレーションさせた**狂歌絵本**という新ジャンルまで生み出し、狂歌ブームを長く維持していくこともできたのです。

さて、この年には『吉原細見』の独占出版を達成し、三三歳になっていた蔦重は、ついに大勝負に出ます。

生まれ育った吉原を出て、**日本橋**本町筋北エ八町目通油町《とおりあぶらちょう》に進出したのです。同じ地本問屋の丸屋小兵衛の店舗を居抜きで買い取り本店とし、『吉原細見』を発行するこれまでの店は、手代《てだい》の徳三郎に任せました。また、日本橋への移転を機に、七歳で生き別れた両親を呼び寄せています。何らかの事情があったとはいえ、置き去りにした息子が成功者となり、優しく声をかけられた両親も、さぞや嬉しかったことでしょう……。

日本橋は、多くの書物問屋・地本問屋が集まる、本屋の中心地です。吉原大門口の茶屋を間借りして起業し、わずか十一年で蔦屋「耕書堂」は、鱗形屋「鶴鱗堂《かくりんどう》」・西村屋「永寿堂《えいじゅどう》」・鶴屋「仙鶴堂《せんかくどう》」などに比肩する地本問屋となったのです。ちなみに当時、鱗形屋孫兵衛の商売は傾きつつあり、蔦重のライバルといえるのは鱗形屋の次男が西村屋へ養子に入ったパターンの西村屋与八と、同じ通油町に店を構えた鶴屋喜右衛門でした。

そういえば蔦重が二二歳で起業した一七七二（安永元）年は、十代将軍徳川家治《いえはる》の側用人として権勢を誇った田沼意次が、老中を兼任した年でした。発展する都市の貨幣経済の中で、商業重視の現実主義的な政策を展開する「**田沼時代**」を背景に蔦重の商売は伸びてきたのですが、公娼街の吉原は、そう順調だったわけではありません。この年、世間は継続的な物価高（インフレーション）に振り回され、「年号は安く永《なが》しと変はれども　諸色高値今にめいわ九《く》（年号は明和九年から安永元年へと変わっても、諸物価は高く今まさに迷惑している）」と狂歌に詠まれるような状況でした。

このような世相下では、人々は安価で手軽に気分を発散できるものに流れてしまうもの。性風俗においては、江戸の南東（辰巳《たつみ》）に位置する私娼街（岡場所）の深川が流行り始めました。華麗に着飾り女子力で勝負する吉原の花魁に対し、サッと羽織を纏《まと》う深川の辰巳芸者は、「〇吉」「〇太」と男名乗りをします。冬でも足袋《たび》を履かず素足の美を誇り、座敷への往復は男の箱屋ではなく女に三味線を持たせました。「意地と張り」を売りに客に媚びないこのような男装の麗人に加え、男色相手となる優男《やさおとこ》たちの陰間《かげま》茶屋も話題となり、非公認の遊郭ながら、吉原をしのぐ人気を集めたのです。

一方、公娼街の吉原は、客を呼び戻すためのキャンペーンを張る必要がありました。

妓楼や引手茶屋が一丸となって伝統行事を復活させ、富裕な町人や町人化した武士を巻き込み、吉原を盛り上げていくのです。この頃、事業を拡大していく過程にあった蔦重は、行事があるたびに出版物を刊行し、吉原内外への情報発信を積極的に行い、顔役の一人となっていたようです。

ねえ、吉原って来たことあるかい？　もちろん四十年ほどしかなかった市中・日本橋近くの「元吉原」じゃなくて、その後二五〇年以上続いた郊外・浅草寺裏の「新吉原」のほうよ。俺の地元ってこともあるけど、実際すごいとこでさ。遊女たちの髪形や衣装ってのは、当時の江戸の女性たちの憧れで、歌舞伎の芝居小屋と並ぶ、最先端の流行発信地だったんだぜ。

吉原への行き来は、日本堤《づつみ》っていう山谷堀《さんやぼり》沿いの堤の一本道だ。徒歩か駕籠《かご》が普通だが、船で隅田川〈大川〉から西に入り、山谷堀を進んでくる者もいる。船でサッと行けばバレにくいからねえ。

近くに来れば来るほど茶屋や出店が並んでまあ賑やかなもんだ。五十間道の「衣紋坂《えもんざか》（客が帰りに襟《えり》を正すことから命名）」を下ると、吉原唯一の出入り口、「大門」がある。中央の大通りが仲之町で、ここにも引手茶屋が両側に並んでる。そこから横道を入れば（時期によるが）二～三千人の遊女が暮らす「三千遊女」の妓楼だらけ。まあ吉原の「なか」には、他にも妓楼の奉公人、茶屋・料理屋・湯屋・本屋などの商店の者、さらに職人・芸人などさまざまな人間を合わせて八千～一万人ほどが暮らしてるんだけどな。

吉原の町割は、江戸町《えどちょう》一丁目・二丁目、揚屋町《あげやちょう》・角町《すみちょう》、京町《きょうまち》一丁目・二丁目、伏見町《ふしみちょう》の七つ。四方を幅が五間（約九メートル）もある水堀「お歯黒どぶ」に囲まれ、町の四隅がほぼ東西南北を向いてる四角い区画だ。

遊女と遊んだ翌朝は、見送られつつ大門を出て、日本堤の「見返り柳《やなぎ》」あたりで名残《なごり》惜しそうに振り返るんだ。またおいで。ここは金・銀・銭さえありゃ、誰でも来れるんだから。

吉原の地図

メインストリートの仲之町の中央には桜並木がある。左右の「〇〇河岸《がし》」は水路（お歯黒どぶ）に面していることから命名。

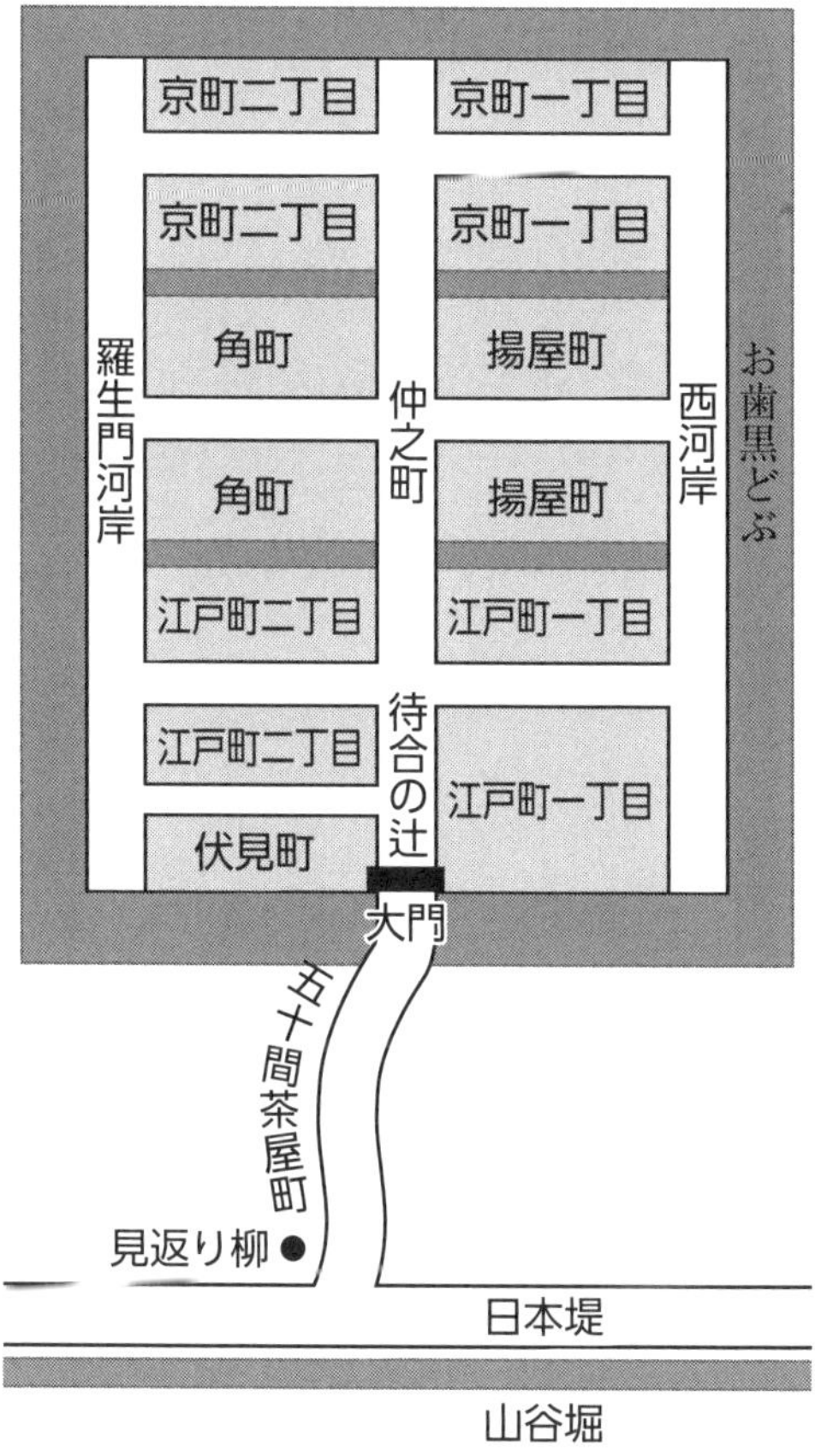

蔦屋「耕書堂」の躍進を支えた人々

さて、日本橋に進出した蔦屋「耕書堂」は、旧知・新規含め大量の戯作者・狂歌師・絵師に仕事を依頼していきます。どんな人々が蔦重を支えたのでしょうか？

「版元」としての蔦重の仕事は、戯作者・狂歌師（＝**作者**）に企画を提案し、執筆を依頼することから始まります。草稿や墨《すみ》一色の簡単な下絵をもらうと、**絵師**に版下絵を描いてもらい、それが地本問屋仲間の行事（＝担当者）検閲《けんえつ》を受けます。ゴーサインが出れば、**彫師**《ほりし》が文章や絵を版木に逆向きに彫り、何度も校正を入れ確認を取りながら細かく修正を加えていきます。そして、完成した版木を**摺師**《すりし》が細心の注意を払いつつ紙に刷り、一枚絵の商品にしたり、製本したりするのです。完成した本を、数冊綴じ合わせる「合巻《ごうかん》」形式にする場合もありました。

プロデューサー・ディレクターを兼ねる製作責任者たる「版元」として大事なこと

は、魅力ある文章を書き、エッジの効いた狂歌を詠み、サッと挿絵や一枚絵を描いてくれる戯作者・狂歌師・絵師らに加え、腕利きの彫師・摺師を押さえておくことです。どうしても常に手放したくない人材なら、現代と同様に専属契約もしたはずです。

蔦重と関係の深い主な文人・絵師たちを、年齢順にザッとあげてみましょう。

まずは年長者。

十五歳上の戯作者・狂歌師が**朋誠堂喜三二**《ほうせいどうきさんじ》（一七三五〜一八一三年、狂歌名は手柄岡持《てがらのおかもち》）。蔦屋「耕書堂」を軌道に乗せた立役者ともいえます。十一歳上の絵師が**北尾重政**《きたおしげまさ》（一七三九〜一八二〇年）。初めて刊行した遊女案内記『一目千本』の挿絵を描き、黄表紙などの挿絵を次々に手掛けてくれました。年齢不詳ですがおそらく七歳上の絵師が、北尾重政の向かいに住んでいたこともある**勝川春章**《かつかわしゅんしょう》（一七四三〜九二年）。役者絵や美人画が得意な人気浮世絵師で「勝川派」の祖となり、役者絵では伝統的な「鳥居派」と人気を二分したほどです。若い頃の葛飾北斎の師でもありました。人形町の地本問屋・林家七右衛門に寄寓するなど、蔦屋のメイン絵師ではありませんが、「耕書堂」からも浮世絵を出しています。六歳上の戯作者・絵師・狂歌師が**恋川春町**《こいかわはるまち》（一七四四～八九年、狂歌名は酒上不埒）。朋誠堂喜三二とは、江戸詰めの地方藩士どうしの友人関係で、作品上で作者・絵師としてコンビを組むこともありました。

次に同世代。

一歳上の戯作者・狂歌師が**大田南畝**《おおたなんぽ》〔**蜀山人**《しょくさんじん》〕（一七四九～一八二三年、狂歌名は四方《よも》の赤良《あから》）。幕府の御家人で教養も豊か。蔦重と意気投合し、ブレーン的存在となりました。三歳下の国学者・狂歌師が石川雅望《いしかわまさもろ》（一七五三～一八三〇年、狂歌名は**宿屋飯盛**《やどやのめしもり》）。年齢は近くても、大田南畝〔四方赤良〕の狂歌の門人でした。彼は江戸の旅籠屋《はたご》（旅館）に生まれた町人です。また、年齢不詳ですがおそらく三歳ほど下の絵師が**喜多川**《きたがわ》**歌麿**《うたまろ》（一七五三？～一八〇六年、もとの北川豊章）です。蔦重が養子に入った喜多川家と同じ苗字なので（血は繋がっていなくても）遠縁にあたるのかもしれません。義兄の営む引手茶屋に出入りしていた彼に、「うた麿」名義で絵を描かせたり、狂歌の連に誘ったりして、一時は自宅に居候させたほどの子飼いに。その結果、各版元から引っ張りだこになるなど、売れっ子の浮世絵師となりました。

最後に年少者。

こちらも年齢不詳ですが、おそらく十歳ほど下の絵師が、前述の勝川春章の弟子・葛飾北斎（一七六〇?〜一八四九年、もと勝川春朗）。蔦重の生前は黄表紙の挿絵を描いてもらう程度の関係でしたが、後に二代目蔦屋の下で江戸を代表する浮世絵師となります。有名な「耕書堂」の店頭を描いた絵は、蔦重の死の二年後にあたる一七九九（寛政十一）年に刊行した『画本東遊《えほんあずまあそび》』にある一枚です。十一歳下の戯作者・絵師が**山東京伝《さんとうきょうでん》**（一七六一〜一八一六年）。鶴屋喜右衛門の専属的作家でしたが、蔦重が引き抜いて大々的に売り出し、以後は二人三脚状態で、蔦屋「耕書堂」のヒットメーカーとなりました。十四歳下の絵師が**北尾政美《きたおまさよし》**〈**鍬形蕙斎《くわがたけいさい》**〉（一七六四〜一八二四年）。前述の北尾重政の弟子で、「寛政の改革」で蔦重が弾圧されるまでは「耕書堂」が刊行する黄表紙のメイン絵師でした。十五歳下の戯作者が**十返舎一九《じっぺんしゃいっく》**（一七六五〜一八三一年）。晩年の蔦重は、大坂から江戸に出てきた浄瑠璃本作者の彼を自宅に住ませ、裏方仕事を手伝わせつつ、戯作者としてデビューさせます。蔦重が亡くなると、二代目蔦屋の下で滑稽本というジャンルの大作家となりました。十七歳下の戯作者が曲亭馬琴《きょくていばきん》（一七六七～一八四八年）。山東京伝の紹介を受け、蔦屋の手代として面倒を見つつ仕事を振っていきました。彼も蔦重の死後、読本というジャンルの大作家となりました。あとは年齢不詳どころかわずか十ヵ月の活動期間でぷいと消えた謎の浮世絵師である東洲斎写楽《とうしゅうさいしゃらく》（？～？）もいますね。

このように、蔦重の周りには、綺羅《きら》、星《ほし》のごとき文人・絵師が集っていました。それだけ魅力あるプロデューサーだったということでしょう。ちなみに石川雅望（宿屋飯盛）は、蔦重について「才知に優れ度量が大きく信義に厚い人物」とし、山東京伝も「度量の大きい男で処罰されても物ともしない様子」だとしています。

そして、大事なことですが、ここに出てきた人物たちは、東洲斎写楽を除けば他の版元と掛け持ちをしています。現代でも作家・画家が複数の出版社から書籍・画集を出すのと同じです。ただし、仕事が来た時、売れっ子がそれを快く引き受けるか、という点において信用は大事ですよね。蔦重はやはり魅力的な人物だったのです。

まあ俺は人に恵まれていたよなあ。ほら、吉原の生まれ育ちだろ？　有名な地本問屋は日本橋あたりで幅利《き》かせてるわけで、問屋仲間に入り株を入手し、いっぱしの商売人になろうとすりゃあ、その過程でいろんな要素が必要になるわけだ。

この本の著者さんだって、大学・高校や役所関係、地上波のテレビの仕事は「信用につながるから」って積極的に受けてるそうじゃねえか？　確かに一介の個人事業主にとって、目の前のカネより将来の信用のほうが大事だからな。

当時のお武家さん、ってのは、あんたらの世界じゃあ公務員だよ。幕臣〈旗本・御家人〉なら国家公務員、藩士なら地方公務員ってとこ。大田南畝〈蜀山人〉さんは御家人、朋誠堂喜三二や恋川春町さんはそれぞれ外様・譜代の殿様の有力藩士だ。あの人たちは、生まれが違うだけじゃねえ、寺子屋より上の教育まで受けてるから、まあ俺みたいな半端な町人からすりゃあ、学もあってさ。ありがたい存在なんだよ。

町人出の人たちも含めてさ、皆、職業柄《がら》流行に敏感だし、余技とはいえ好きでやってるわけだから熱心で、こだわりも半端《はんぱ》ない。俺の商売にとっては欠くことのできない人たちだったんだ。

あと、俺のお父っつぁんなんて尾張国の出だったらしいが、先生方も皆・出身地がいろいろってのがいいやな（笑）。いろんな土地のことが知れて楽しいよ。

生まれや立場に関係なく、刊行後の接待で吉原に集まってもらい、女と酒に囲まれてどんちゃん騒ぎしたり、狂歌の「連」に参加して頭ひねったりすればさ、そりゃあ仲良くもなるってもんさ。互いに刺激を与えあって、人も紹介もしていって、刺激的な輪が広がる。それは、それぞれの仕事や趣味に、いい影響を与えたはずだ。

ライバルもいたよ。俺の場合は鱗形屋・西村屋・鶴屋さんだし、戯作者は戯作者、狂歌師は狂歌師、絵師は絵師どうしで凌《しの》ぎを削る。もちろん師匠も弟子もいる。俺の場合は駿河屋の叔父さんと番頭の勇助になるか。皆、いろいろだよ。でもな。俺たちは皆で上方に対し江戸を盛り上げて行こう！　っていう気概はあったよ。それは確かだ。

時代の転換点に前向き

蔦屋重三郎が事業を拡大していった十八世紀後半、商業重視で緩《ゆる》い「田沼時代」の江戸では、黄表紙（絵入りの大衆小説）・洒落本《しゃれ》（絵入りの遊郭小説）・狂歌本（狂歌を集めたもの）・錦絵（多色刷りの浮世絵）など、寺子屋教育のみでも読め、大衆からの需要が高かった出版物に、広告が掲載されるようになっていました。

有名な戯作者・狂歌師・絵師にいつでも依頼可能な蔦重にとって、各商品の問屋が広告主としてスポンサーにつくことで、大量かつ多岐にわたる出版物を刊行しやすい時代が到来していたわけです。しかも現代とは異なり、当時はもちろん本業ではなく副業、いや趣味の余技にすぎない作家・画家という職業が確立していなかったので、妓楼や茶屋などでの接待以外に彼らに作料を払う発想はあまりなく、**版元の取り分は**

かなり多かったのです。

「貸本」「小売」「卸売」「版元」を兼ねていた蔦重は、このような時代の後押しもあり、文化的に上方と並ぶ存在になりつつあった江戸の「メディア王」的な地位に、いよいよ手をかけたような状態でした。

しかし、一七八七（天明七）年から、世相がガラッと変わりピンチに陥ります。この年、新たに就任した十一代将軍徳川家斉《いえなり》の下で、老中首座の松平定信が厳しい「**寛政の改革**」を始めたからです。

定信は、昨年までの「田沼時代」に緩んでしまった士風を刷新して文武を奨励、**綱《こう》紀《き》の粛正《しゅくせい》**を図ります。そして、大名・幕臣から庶民にまで適用された**厳しい倹約令**に、都市における湯屋（銭湯）の混浴禁止、農村における芝居禁止など、窮屈な雰囲気が広がり、人々の不満が高まっていきました。

日本橋通油町に進出して四年、地本問屋としての地位を確立していた蔦重は、なんとこの政治・世相の大転換をビジネスチャンスと捉えました。幕府が断行する改革を真正面からは批判せず、**人々の心情を代弁して黄表紙で巧《たく》みに風刺し、徹底的に茶化《ちゃか》すことで大衆の支持を得て、爆発的な売れ行きを記録した**のです。

蔦重は、『吉原細見』の序文（まえがき）・跋文《ばつぶん》（あとがき）や各種の評判記などで世話になり、「耕書堂」から黄表紙や洒落本のヒットを飛ばしていた、もっとも信頼できるベテラン戯作者・**朋誠堂喜三二**とともに大勝負に出ます。一七八八（天明八）年、**黄表紙『文武二道万石通《ぶんぶにどうまんごくどおし》』**を刊行したのです（挿絵は喜多川行麿《ゆきまろ》）。舞台設定こそ鎌倉幕府の初代将軍源頼朝と畠山重忠に置き換えていたものの、明らかに十一代将軍・徳川家斉と老中首座・松平定信による田沼意次の失脚や文武奨励策を茶化したもので、忖度なし、切れ味抜群の問題作でした。これが大衆に受け入れられ、たちまちベストセラーを記録しました。

しかし、あまりの話題に幕府からの叱責を怖れた外様大名・秋田藩主の佐竹氏は、江戸屋敷詰め藩士の喜三二に戯作執筆を禁じます。さすがに余技で主君に迷惑をかけることはできない喜三二は、執筆を自粛して戯作者から引退し、手柄岡持《てがらのおかもち》の名で狂歌師に転じることとなります。

幕府による黄表紙の弾圧

一七八八（天明八）年、朋誠堂喜三二が主君から戯作の執筆を禁止されるほど話題となった蔦屋「耕書堂」の黄表紙『文武二道万石通』の刊行直前、他の版元からやはり「寛政の改革」の文武奨励策を題材とした黄表紙『悦《よろこんぶ》贔屓《ひいきの》蝦夷《えぞ》押領《おし》』を刊行していたのが喜三二の盟友・**恋川春町**でした。彼は、駿河国小島《おじま》藩に仕え、順調に出世して重臣になっていたこともあり、近年は戯作者としての切れを失っており、この作品もイマイチ……。

そこにキレキレの大ヒットを見せつけられて刺激を受けた春町は、喜三二の断筆に却って勇み立つ蔦屋重三郎と相談し、藩の御年寄本役という立場を横に置いて本気を出します。一七七九（寛政元）年、「耕書堂」から渾身の**黄表紙『鸚鵡《おうむ》返《がえし》文武《ぶんぶ》二道《のふたみち》』**を刊行したのです（挿絵は北尾政美）。

内容は、「寛政の改革」を推進する老中首座・松平定信の著した教諭書『鸚鵡言』のパロディで、文武奨励と言えば文武奨励（ぶんぶと言えばぶんぶ）と鸚鵡返しのように煩い世相をばっさり切り捨てた問題作。アクセル全開の春町・政美・蔦重トリオで、前年の喜三二『文武二道万石通』に続く大評判のベストセラーとなりました。

しかし、二年連続の人気黄表紙による批判に激怒した定信から版元の蔦重は絶版処分を受け、作者の春町は江戸城への出頭を命じられてしまいました。

春町は病を理由にこれを辞退すると、主君である譜代大名・小島藩主松平氏に迷惑をかけたとして引きこもり、すぐに亡くなってしまいました。自害したという説もあります。

一連の動きを見た幕臣・大田南畝（蜀山人）は、身の危険を感じ黄表紙・洒落本・狂歌本・狂歌絵本・狂詩本などの文芸活動全般を一時的に自粛したほど、インパクトのある悲しい出来事でした……。

蔦重は、武士身分の実力作者たちを、たちまち失ってしまったのです。

朋誠堂喜三二さんと恋川春町さん。大名家の江戸藩邸務めだったお二人は、境遇も似てたからかな、九歳も違うのに仲が良かった。

喜三二さんは戯作者としてずっと「耕書堂」の要《かなめ》だった。だから世知辛《せちがら》くなった世の中に一石《いっせき》投じようと、黄表紙『文武二道万石通』を一緒に作ったんだ。この人以外いないと思ってさ。挿絵は喜多川歌麿の弟子、行麿に描いてもらった。これが大当たりしすぎて、喜三二さんはお殿様から叱られて戯作から退いちまった。

かえって俺は、てやんでえ、もっとデカいの当ててやろうじゃねえかと熱くなった。だから挿絵は北尾重政さんの弟子で、ウチの中心絵師に成長していた北尾政美《まさよし》に頼んだんだ。作者の春町さんも、凄い熱量だった。久々にあの人の凄さを痛感したよ。『鸚鵡返文武二道』は俺が理想とする、最高の黄表紙なんだ。でもまさか、あんなことに。

喜三二さん、春町さんには悪いことしちまった……。気楽な町人とは違って、お武家さんにはやっぱり立場ってもんがあるんだ。大田南畝さんもそう言ってたよ……。

洒落本の弾圧

寛政二（一七九〇）年、幕府は「享保の改革」時から出されていた出版統制令の増補修正という形で、五月に書物問屋仲間、十月に地本問屋仲間、十一月に小売・貸本屋に対して新たな**出版統制令**を出しました。今後は政治批判や揶揄を許さず、原則として書籍の新規刊行は禁止、刊行する場合は町奉行所の許可が必要となりました。そして、風俗や秩序を乱すわいせつな好色本《こうしょく》は絶版、速報ニュースを扱う瓦版も内容を自粛する方向となり、出版業界は一気に活力を失いました。

しかし、**蔦屋重三郎はあくまでも前向き**です。当時、「耕書堂」が依頼する戯作者の中で若きエースだった山東京伝が三冊の遊郭小説＝**洒落本**『**仕懸文庫**《しかけぶんこ》』『錦之浦《にしきのうら》』

『娼妓絹籭《しょうぎきぬぶるい》』の執筆中でした。蔦重は、幕府による出版統制強化の下で地本問屋仲間の行事（＝監査役）の許可を取り発売にこぎつけたものの、幕府の逆鱗《げきりん》に触れ、町奉行所に呼び出されてしまいます。黄表紙のように政治批判や揶揄はなくとも、風俗や秩序を乱すと判断されたのです。

年が明けて一七九一（寛政三）年、町奉行所の判決が出て、三冊の洒落本は絶版、作者の**山東京伝は手鎖《てじょう》五十日**（＝両手首を拘束の上で自宅謹慎）、版元の**蔦重は重過料**（＝罰金刑）を科せられました。財産の半分ほど没収されたのではないか、と推察されます。また、発売可と判断した地本問屋の行事二名も処罰されました。

二年前の恋川春町に続き、江戸で最も有名だった戯作者・山東京伝と地本問屋・蔦重を具体的に処罰したことは、「寛政の改革」の思想統制中、「寛政異学の禁」や林子平『海国兵談』の処罰と並ぶ大ニュースとして、現代でも高校日本史の教科書・資料集に掲載され、大学入試問題でも必出となっています。

ただし、蔦重からすればこれは**ほぼ確信犯**でした。黄表紙で朋誠堂喜三二・恋川春町という武士出身の人気戯作者二名を失ったばかりだったこともあり、町人出身のエース山東京伝の洒落本で、発禁処分スレスレの大ヒットを狙っていたのです。

意気軒高と復活を果たす

「寛政の改革」によって黄表紙・洒落本が弾圧され、江戸を代表する地本問屋＝版元たる自身も具体的に処罰されてしまった蔦屋重三郎の意欲は、それでも衰えません。

そもそも、二ジャンルとも、ビジネスチャンスと捉えてギリギリの勝負をかけたわけで、高収益を狙うなら危ない橋を渡るのは当然、とすら考えていたようです。

手鎖五十日の刑となり、幕府に洒落本の執筆を禁じられて意気消沈《しょうちん》していた山東京伝を激励し、代わりに（無難な感じの）黄表紙の執筆を勧めて大量に書かせつつ、刊行物の中心を戯作や狂歌絵本などから**浮世絵**へと移しました。そして、すぐに**書物問屋仲間にも加盟**して専門書や学術書の出版も新たに手掛けるなど、ますます商魂をたくましくしていきます。

特に黄表紙・狂歌絵本などで長く使ってきた、蔦屋＝喜多川家「子飼いの絵師」ともいえる**喜多川歌麿**《きたがわうたまろ》に対し、もともと**美人画**の才能を認めていたこともあり、上半身のみを描く**大首絵**《おおくびえ》を勧めました。

それまでは、西村屋与八の「永寿堂」が売り出していた、名門「鳥居派」の鳥居清《きよ》長《なが》による全身を描いた美人画が大評判でした。そこで蔦重は、歌麿の美人大首絵を刊行することで西村屋・清長コンビによる美人画ブームを上手く継承したのです。

特に一七九一～九四（寛政三～六）年にかけて『**婦女人相十品**《ふじょにんそうじっぽん》（特に「ポッピンを吹く女」が有名）』シリーズや『**寛政**《かんせい》**（江戸）三美人**《さんびじん》』、さらに『歌撰戀之部《かせんこいのぶ》』シリーズが圧倒的な評判を得て、蔦屋「耕書堂」は筆禍事件のダメージから完全に立ち直り、再び勢いを増すようになりました。一七九三（寛政五）年に老中首座・松平定信が失脚し、厳しい「寛政の改革」が終わったことも大きな要素だったでしょう。

超のつく売れっ子となった歌麿は他の版元からの誘いも多くなり、常に旧知の蔦重との蜜月関係が続いたわけではありませんでした。その当てつけではないですが、一七九四（寛政六）年、蔦重は、謎の浮世絵師・**東洲斎写楽**《とうしゅうさいしゃらく》を売り出します。

写楽はわずか十ヶ月の間に**役者絵**、特に『**大谷鬼次**《おおたにおにじ》**の奴江戸兵衛**《やっこえどべえ》』『**市川鰕蔵**《えびぞう》**の竹村定之進**《さだのしん》』を代表とする**大首絵**や、少数の相撲絵など一四五点余りを残し、忽然と姿を消しています。

写楽の作品は、現代でこそ「役者の内面にまで迫っている」などと絶賛されますが、当時は出だしこそかなり話題となりましたが、それほど人気はありませんでした。あくまでも役者絵は、客が贔屓の物を買う「ブロマイド」「ポスター」的な扱いなので、誇張が過ぎたり、逆にリアルすぎたりすれば、引いてしまうのですね……。

とはいえ、歌麿・写楽という浮世絵界のスターを輩出した手腕は、さすが蔦重。そしてまた、次世代の発掘にも余念がありません。戯作者では**十返舎一九**《じっぺんしゃいっく》を寄食させて仕事を振っていき、山東京伝に紹介を受けた**曲亭馬琴**《きょくていばきん》に至っては、蔦屋の手代として雇います。絵師では**葛飾北斎**《かつしかほくさい》に目をつけます。彼らは皆、蔦重死後の「化政文化」でトッップを張る、世界的に有名な戯作者・浮世絵師となりました。
蔦重は人を見る目があり、信じて育てようとする度量もあったということですね。

正直、あんま懲りてなかったんだよな。そもそも財産なんて仮に全部没収されようが、どうせ俺はもともと七歳の時に喜多川家に拾われた身だ。起きて半畳寝て一畳。吉原出身を舐めんじゃねえよ、っていうか。人生なんていつも丁半博打《ちょうはんばくち》みたいなもんで、目が出なきゃ、またサイを振ればいいだけ。命一つありゃあ、さ。

そんなことより、処罰された翌年に、実の母ちゃんが亡くなったことのほうが痛かった。父ちゃんと一緒に呼び戻してやってから十年も経ってない。幸せだったのかな、自信ねえや……。

断筆や自死（俺は恋川春町さんの性格ならそうだと思ってる）で戯作の先生方を失おうが、俺は大丈夫。山東京伝先生には無難な作品書いてもらって、歌麿や写楽に浮世絵やらせ

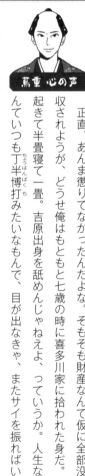

りゃいい。一時かもしれないが、却って話題になったじゃねえか。「蔦重ここにあり！」だよ。それでいい。それで十分。いよいよ全盛期じゃないかって？　そんな旨い話なんてねえよ。人生パッと咲いてパッと散るのが男前ってもんだからさ。

見事な人生の幕引きと事業継承

老中首座・松平定信による「寛政の改革」の黄表紙・洒落本の弾圧にもめげず、書物問屋にまで手を広げ、地本問屋としては喜多川歌麿の美人大首絵を売り出して評判になった蔦屋重三郎。彼は、一七九三（寛政五）年に定信が老中を罷免《ひめん》されて改革が挫折した後、さらに東洲斎写楽の役者絵を売り出して江戸の話題を独占するなど、全盛期を迎えていました。

しかし一七九六（寛政八）年の夏、蔦重は「江戸患《わずら》い」とも呼ばれた脚気《かっけ》にかかり、寝たきりとなってしまいます。年貢負担のない江戸では、近郊の農村と違い、雑穀や玄米よりも白米を食べる風習があり、ビタミンB_1不足に陥ることが多かったのです。

一七九七（寛政九）年五月六日、容体《ようだい》が悪化して死期を悟った蔦重は、自分は正午で死ぬだろうと周囲に予告し、蔦屋の今後について妻や番頭たちに指図をしたそうです。

蔦屋の財産は、そっくり**番頭の勇助《ゆうすけ》**に継がせました。「**二代目蔦屋重三郎**」ですね。初代蔦重の妻子（詳しくはわかりません）の面倒だけは見る約束だったのは、当然のことでしょう。

さて、しばらく経ち、予告した正午を過ぎても死なないので「悪いねえ」などと笑いつつ、ついに夕刻に亡くなりました。最後まで明るい男を貫いたのです。

享年四七。この歳で亡くなるのは、（諸説ありますが）当時の平均寿命程度です。しかし、成人まで行けば長生きする人間も多かったので、少し短めの人生だったかもしれません。太く短い人生もまた、蔦重の望むところだったでしょう。火葬の後は、生まれ育った吉原に近い、山谷の正法寺に葬られました。

二代目蔦重となった番頭の勇助は、以後も版元として大活躍します。蔦屋「耕書堂」は、十返舎一九・曲亭馬琴らの戯作者、葛飾北斎らの浮世絵師たちと後世に残るような仕事をし続けたのです。**見事な人生の幕引きと事業継承。**吉原から始まり日本橋で終わる。数回の旅以外は生涯を江戸で過ごした、べらぼうな一生でした。

いやあ、あそこで死ねてよかったよ。二つの意味でな。

一つは、江戸で一生を終えたこと。しかも吉原育ちで日本橋に進出だぜ。俺は三十歳の手前で「仙鶴堂《せんかくどう》」の鶴屋喜兵衛さんと一緒に下野国《しもつけのくに》（現在の栃木県）の日光参りに行ったり、上方出張のついでに伊勢国《いせのくに》（現在の三重県北部）の松坂まで国学者の本居宣長《もとおりのりなが》先生を訪ねたことはあっても、基本的にずっと江戸だったからなあ。

もう一つは、だらだら生きたくなかったんだよ。引き際がみっともねえ男にはなりたくなかったからさ。ちょうど番頭の勇助はいい感じに育ってくれていたし、俺も後継の男子がいたわけじゃなかったし。あれでいいんだ。戯作者・狂歌師・絵師の先生方にも仕事、振り続けなきゃだし。まあ山東京伝は京橋・銀座一丁目に開いた煙草《たばこ》入れの「京屋」があるから大丈夫として、十返舎一九・曲亭馬琴にも稿料、さらに歩合《ぶあい》の印税まで払ってやってほしいんだ。ちゃんと、出版業界を確立したかったんだよ。

深読みコラム

吉原と遊女たち

蔦重が生まれ育った新吉原は、江戸の郊外・浅草寺の裏手の田畑の中にあります。四方を「お歯黒どぶ」に囲まれ、唯一の出入り口である「大門」の先に「仲之町」という中央に桜並木が植えられたメインストリートが貫きます。縦横の通り沿いには二階建ての**妓楼〔遊廓〕**が建ち並び、格子窓が設けられた張見世という一階のスペースに、遊女たちが座っていました。

吉原は単なる幕府公認の売春街ではなく、江戸の文化人たちの交流拠点でした。**花魁**と呼ばれる上級遊女は、大名・旗本・豪商などを相手にすることから教養の高さが求められ、書道・茶道・華道《かどう》・香道《こうどう》・琴・三味線など、さまざまな芸事に秀でていることが当然でした。花魁の華やかな姿はたびたび浮世絵にも描かれ、現在も残る女性の髪の結い方には、吉原から生まれたものも少なくないようです。花魁は、ファッションリーダーのような存在だったのです。

上級遊女である花魁には、上から呼び出し**昼三**《ちゅうさん》・昼三・座敷持ち・部屋持ちの順に階級があり、それぞれ個室を持ちました。

また、下級遊女を振袖新造《しんぞう》、見習いの少女を禿《かむろ》、客を取らなくなった三十歳以上の元遊女を番頭新造と呼びました。長く務めた女性は遣手婆《ばば》になる者もいたようです。彼女たちは皆、雑居生活で、とにかくランクによって暮らしぶりが異なります。

躾《しつけ》も立ち居振る舞いも行き届いた花魁は、だからこそ庶民にはとても手が届く存在ではありませんでした。

第二章

蔦屋重三郎を取り巻く文人・絵師

～蔦屋「耕書堂」に集う才能～

戯作者・狂歌師　朋誠堂喜三二

蔦重の十五歳上の戯作者・狂歌師が**朋誠堂喜三二**《ほうせいどうきさんじ》（一七三五〜一八一三年、狂歌名は手柄岡持《てがらのおかもち》）です。

八代将軍徳川吉宗の「享保の改革」の最中に幕臣たる旗本・西村久義《ひさよし》の三男として生まれました。十四歳の頃、外様大名の秋田藩佐竹氏に仕える藩士の養子となり、平沢常富《つねとみ》と名乗り、参勤交代に同行せず下谷の江戸藩邸に務める定府《じょうふ》藩士となりました。

戯作者としては一七七三（安永二）年、洒落本『当世風俗通《とうせいふうぞくつう》』を出版後、黄表紙にも手を広げます。一七七七（安永六）年、鱗形屋から刊行された黄表紙『親敵討腹《おやのかたきうてやはら》鼓《つづみ》』は友人の恋川春町が挿絵を手掛けた初期の代表作です。

同年、蔦屋の「耕書堂」から刊行された華道書『手毎《てごと》の清水《しみず》』の序文（まえがき）・跋文《ばつぶん》（あとがき）が蔦重との初仕事です。すぐに遊女評判記『娼妓《しょうぎ》地理記』も刊行し、のちに『吉原細見』の序文を書くようになるほど無類《むるい》の吉原好きで、通い詰めてはその合間に執筆する日々が続きました。とはいえ、江戸藩邸詰めの秋田藩士としては、吉原こそ幕臣や他藩の藩士との情報交換の場所として、大いに利用できる場所です。吉原の顔役の一人である蔦重と知己《ちき》を結ぶこともまた重要な意味を持ちました。また、蔦重や春町とともに狂歌に熱中し、手柄岡持の狂歌名で「連」に参加しました。

当時、鱗形屋が勢いを失ったこともあり、蔦屋から洒落本・黄表紙を次々刊行します。特に一七八八（天明八）年、「寛政の改革」下に刊行した**黄表紙『文武二道万石通《ぶんぶにどうまんごくどおし》』**は、舞台設定こそ鎌倉時代でしたが、作中に十一代将軍・徳川家斉と老中首座・松平定信を思わせる人物が登場し、幕府の文武奨励策や側用人兼老中・田沼意次の失脚を痛烈に風刺していました。

そのため、名君として有名な秋田藩主・佐竹義和《よしまさ》から叱責され、黄表紙の執筆は自粛してしまいます。晩年は、留守居役という本業のかたわら、狂歌師として活動し、七八歳で亡くなりました。

絵師　北尾重政

　蔦重の十一歳上の絵師が、**北尾重政**《きたおしげまさ》（一七三九〜一八二〇年）です。江戸の日本橋小伝馬町《こでんまちょう》の書物問屋・須原屋三郎兵衛の長男に生まれました。本や絵に囲まれて育ち、創作意欲が刺激されたようです。子どもの頃からすでに絵の版下を制作していたようで、俳諧や書道も学んでいました。

　一七六五（明和二）年、二六歳で絵師として活動を始めるとすぐに頭角を現し、多くの弟子を抱え「北尾派」の祖となります。上品でふくよかな顔立ちの美人画で人気を集めますが、名声をさらに高めたのは、蔦重の下で手掛けた挿絵でした。

　一七七四（安永三）年、蔦重が初めて刊行した遊女評判記『一目千本』の挿絵を描き、関係が始まります。重政は、のち黄表紙などの挿絵や往来物の書を次々に手掛けました。特に一七七六（安永五）年に刊行された『青楼美人合姿鏡《せいろうびじんあわせすがたかがみ》』は、吉原の花魁の艶姿を描写した錦絵本で、家が向かいどうしで親しかった勝川春草《かつかわしゅんしょう》（一七四三？～九二年）との合作です。一流の彫師を起用し、製本にもこだわった上質かつ豪華な作りで、当時、版元として駆け出しだった蔦屋「耕書堂」の評価を確立したとまで言われるものです。

八一歳まで生きた重政は、美人画では春草の「勝川派」と並び称されるほどの名声を得たうえ風景画にも秀でるなど、多彩な絵を描いていますが、北尾政美《まさよし》（鍬形蕙斎《くわがたけいさい》）・北尾政演《まさのぶ》（のちの戯作者・山東京伝）をはじめ多くの弟子を育てたことも有名です。また、蔦屋に出入りしていた喜多川歌麿にも目をかけ、生活面で支援までしていたほど面倒見はよかったようです。その画風は、伝統的な「鳥居派」の鳥居清長《きよなが》や、春章の弟子の葛飾北斎にまで影響を与えています。

北尾重政・喜多川歌麿・北尾政美の三名は、蔦屋チームの中心絵師でした。蔦重は、重政の確かな実力を認め、尊敬するとともに高く評価し、大エースとして遇しています。一七八六（天明六）年に刊行した狂歌絵本『絵本八十《やそ》宇治川』『絵本吾妻抉《あづまからげ》』『絵本江戸爵《すずめ》』の挿絵は、重政が前者の二冊、歌麿が後者の一冊を描いています。

絵師　勝川春章

蔦重の七歳上の絵師が、**勝川春章**《かつかわしゅんしょう》（一七四三～九二年）です。宮川春水に師事し、肉筆画・版画ともに巧妙な実力派で、明和期（一七六四～七二年）には一筆斎文調《いっぴつさいぶんちょう》との合作『絵本舞台扇《おうぎ》』を発表するなど、若い頃から活躍しました。

役者絵（版画）や気品ある**美人画**（肉筆画）が得意で、武者絵・相撲絵も多く手がけています。特に役者絵では伝統的・典型的な「鳥居派」の画風を革新して人気を二分、**「勝川派」の祖**となり、勝川春朗《しゅんろう》（のちの**葛飾北斎**）**の師**でもありました。

北尾重政の向かいに住んでいたこともあり、一七七六（安永五）年には『青楼美人《せいろうびじん》合姿鏡《あわせすがたかがみ》』を合作し、蔦屋「耕書堂」から出版しています。蔦重と知り合う前からすでに有名な絵師で、人形町の地本問屋・林家七右衛門に寄寓するなど、蔦屋のメイン絵師ではありませんが、説得力のあるとても貴重な戦力でした。

戯作者・絵師・狂歌師　恋川春町

蔦重の六歳上の戯作者・絵師・狂歌師が、**恋川春町**《こいかわはるまち》（一七四四〜八九年、狂歌名は酒上不埒《さけのうえのふらち》）です。

駿河国《するがのくに》（現在の静岡県中部）の出身で、譜代大名の小島《おじま》藩松平氏に仕えた江戸詰めの藩士で、本名は倉橋格《いたる》です。筆名は、藩邸があった小石川春日町《かすがちょう》から採りました。また、敬愛していた同世代の浮世絵師・勝川春章（一七四三?〜九二年）からも「春」の字を採っているとの説もあります。

鳥山石燕《とりやませきえん》から絵を習い、一七七三（安永二）年に洒落本の挿絵で絵師としてスタートしました。そして、戯作者としての春町の名を高めたのが、一七七五（安永四）年に鱗形屋から刊行された**黄表紙**『**金々先生栄花夢**《きんきんせんせいえいがのゆめ》』（挿絵は自身）でした。これは、田舎から出て来た若者が夢の中で金持ちになり放蕩《ほうとう》生活を送る話で、江戸で大評判となり黄表紙ブームに火を付け、「黄表紙の祖」扱いを受けるようになったのです。

三一歳で瞬《また》く間に売れっ子となった春町は、蔦屋の「耕書堂」では、九歳上の友人・朋誠堂喜三二の挿絵を描いたりしていましたが、一七八三（天明三）年に、黄表紙『猿蟹遠昔噺《さるかにとおいむかしばなし》』（挿絵は自身）を刊行します。ちょうど鱗形屋が勢いを失ったこともあり、以後は喜三二とともに蔦屋の主力作家となり、蔦重の案内で吉原に繰り出し酒宴をしたり、狂歌に熱中して自ら「連」を組織したりしていました。

春町は、本業の小島藩士として御留守添役→側用人→用人とめざましい出世を果たしつつ、余技としての戯作者・絵師・狂歌師を器用に同時並行していくことのできる、マルチタイプの人材でした。一七八七（天明七）年には、一二〇石の御年寄本役《おとしよりほんやく》としてついに藩政の中枢を担《にな》うまでになっています。しかし、出世すればするほど、立場上の問題もあり表現者としての「切れ」はどうしても失ってしまいます。

一七七八（天明八）年、前年から始まった「寛政の改革」の文武奨励策を風刺した黄表紙『悦贔屓蝦夷押領《よろこんぶひいきのえぞおし》』（挿絵は北尾政美〔鍬形蕙斎〕）を蔦屋から刊行しますが、同年に喜三二がこれも蔦屋から刊行した黄表紙『文武二道万石通《ぶんぶにどうまんごくどおし》』が爆発的にヒットし、話題を全て持っていかれてしまいました。老中首座・松平定信の目を気にして藩主に叱責された喜三二が黄表紙を断筆したほどの問題作に対し、春町は「これに負けない続編的な物を」と気合を入れ直します。イキリ立つ蔦重にもかなり空気を入れられたことでしょう。

一七八九（寛政元）年四月、蔦屋からキレキレの黄表紙『**鸚鵡返文武二道**《おうむがえしぶんぶのふたみち》』を発表し、これも大ヒットとなりました。しかし、舞台設定を平安時代にしたとはいえ、ちょっとイキリ過ぎたのか老中首座・松平定信の逆鱗《げきりん》に触れ、江戸城出頭を命じられてしまいます。春町は病を理由に辞退しますが、藩主にこれ以上迷惑をかけられないと思ったのか引きこもってしまい、七月に亡くなりました。一説には自害したとも言われます。

何でも器用にこなすように見える人は、じつはしっかりした軸を持ち、ギリギリのところで全体のバランスを保っていることが多かったりします。四五歳にして譜代大名の重臣という軸が揺らいだ瞬間、しんどくなりすぎたのかもしれませんね……。

年上の四人はさ、まあ勉強になったよな。特に大名家の藩士だった朋誠堂喜三二・恋川春町さんとは、いろんな場所でどんちゃん騒ぎしながら、偉いお武家さんとの付き合い方や、有益な情報を得て、商売のヒントにもなったからねえ。

あと、凄いのが北尾重政さん。ほら、もともと書物問屋の須原屋さんの長男だろ。そもそも俺みたいな吉原育ちの、引手茶屋の養子になった遊び人なんかより、根っからの本好きだから。出版に対する気迫を学んだよね。そして勝川春章さんはあの「勝川派」の祖だぜ！

この人たちからはいろんな人を紹介してもらった。喜三二さんが激賞してたからこそ山東京伝に興味も持ったし、重政さんなんて北尾政美〈鍬形蕙斎〉と、絵師時代の山東京伝〈北尾政演〉の師匠だしね。それから喜多川歌麿も面倒見て育ててくれた。あんなの実際弟子だろう。あいつ、もっと感謝したほうがいいと思うぜ……。そういや春章さんは葛飾北斎の師匠か。すげえな。

とにかくこの三人があってこそ、蔦屋「耕書堂」は軌道に乗ったんだ。足向けて寝られねえっての！

狂歌師・戯作者　大田南畝〈蜀山人〉

蔦重の一歳上の狂歌師・戯作者が、**大田南畝《おおたなんぽ》〈蜀山人《しょくさんじん》〉**（一七四九〜一八二三年、狂歌名は**四方赤良《よものあから》**・狂詩名は寝惚《ねぼけ》先生・戯作名は山手馬鹿人《やまてのばかひと》）です。

南畝は、江戸の牛込仲御徒町《うしごめなかおかちまち》（現在の新宿区中町）で、御徒衆を務める**幕府の御家人**・大田正智《まさとも》の長男として生まれました。山崎景貫《かげつら》（のちの朱楽菅江《あけらかんこう》）らとともに内山賀邸の門下生だった頃、十八歳で平賀源内に見出され、狂詩をまとめて評判となったのが、一七六七〈明和四〉年刊行の『寝惚先生文集』です。

二〇歳で家督を相続し、この頃から活動を本格化させた狂歌師・四方赤良としても注目され、一七七六〈安永五〉年には自らの「連」を組織して狂歌会を主催しています。のち唐衣橘州《からころもきっしゅう》・朱楽菅江とともに「狂歌三大家《たいか》」と呼ばれ、江戸で「天明の狂歌ブーム」を巻き起こすほどの存在になります。

蔦重との親交は、一七八一〈天明元〉年に始まりました。南畝は四方連〈山手連〉を組織して狂歌師たちの人脈を持っていたこともあり、蔦屋「耕書堂」から刊行される狂歌本の編纂を行い、信頼を得たのです。彼らは意気投合し、数々の酒席を共にしています。蔦重は蔦唐丸という狂歌名で吉原連を組織するほど、狂歌の世界で顔を拡げますが、それはもちろん南畝という後ろ盾があったからです。

南畝には、須原屋から刊行し大評判となった狂歌集『**万載狂歌集**《まんざい》』の他、噺本《はなし》『鯛の味噌津《みそづ》』、内藤新宿の岡場所〈私娼街〉を舞台とした洒落本『甲駅新話《こうえきしんわ》』、黄表紙『虚言八百万八伝《うそはっぴゃくまんぱちでん》』『此奴和日本《こいつはにっぽん》』、随筆『一話一言《いちわいちげん》』など多種多彩な著作があります、また、黄表紙評判記『菊寿草《きくじゅそう》』『岡目八目《おかめはちもく》』を執筆し、浮世絵師の人名辞典の考証も担当するなど、批評家としての顔も持ちました。特に山東京伝は、南畝が才能を見出した戯作者だったといえます。

さまざまな余技でヒットを連発する教養豊かな御家人として、蔦重にとっては貴重な人脈かつブレーン的な存在でした。狂歌集に絵を加えた「狂歌絵本」という新ジャンルも、南畝の存在抜きには、とても編み出せなかったはずです。

南畝は蔦重らとともに好きな歌を詠み、吉原に繰り出したり、隅田川（大川）で舟遊びをするなど、幕府の下級武士ながら自由な生活を送り、蔦屋「耕書堂」の勢力拡大にかなり貢献していました。

しかし、一七八七（天明七）年から厳しい「寛政の改革」が始まり、戯作が弾圧されると狂歌師としての活動（＝アウトプット）を自粛し、学問に打ち込み（＝インプット）、本業に集中することになります。文武奨励策の中で、余技に打ち込むわけにはいかなかったのです。

このことは正解だったのかもしれません。もともと勘定所《かんじょうしょ》の勤務でしたが、一七九六（寛政八）年には支配勘定に昇進し、その後も大坂や長崎に赴任《ふにん》するなど、御家人としてはかなりの出世を果たしたからです。

晩年、悠々自適の暮らしを送った南畝は七四歳で亡くなり、江戸・小石川の寺に葬られています。

狂歌師・国学者　石川雅望〔宿屋飯盛〕

蔦重の三歳下の狂歌師が、**宿屋飯盛**《やどやのめしもり》です。一七五三〔宝暦三〕年、日本橋小伝馬町の旅籠屋「糠屋」の五男に生まれたことが狂名の由来で、本名を七兵衛と言います。父は旅籠経営のかたわら浮世絵師をしていました。

また、ほぼ独学で修めた日本の古典・神道研究の国学者としての名は**石川雅望**《まさもち》で、古語辞書『雅言集覧《がげんしゅうらん》』、源氏物語の研究書『源注余摘《げんちゅうよてき》』などの評価が高いです。

四歳上の**大田南畝〔四方赤良〕**の下で狂歌・狂文を学び才能を発揮、それが縁となり天明の狂歌ブームの中で蔦重と知り合ったようです。天明末期には、鹿都部真顔《しかつべのまがお》・頭光《つむりのひかり》・馬場金埒《ばばきんらち》とともに「狂歌四天王」と呼ばれるほどの知名度を誇りました。

一七八五（天明五）年に狂詩本『十歳子名月詩集《じっさいしめいげつししゅう》』の編者として蔦屋「耕書堂」と関わり始め、続いて狂歌本『吾妻曲狂歌文庫《あづまぶりきょうかぶんこ》』『古今狂歌袋《ここんきょうかぶくろ》』の撰者を担当、これらの挿絵は北尾政演《まさのぶ》（山東京伝）が描いています。また一七八八（天明八）年には喜多川歌麿と組んだ狂歌絵本『画本虫撰《えほんむしえらみ》』が刊行されました。歌麿とはのちに狂歌絵本『絵本あまの川』でもコンビを組んでいます。このように宿屋飯盛は、天明後期〜寛政初期にかけて蔦屋「耕書堂」の狂歌撰者として活躍しています。

ところが一七九一（寛政三）年、公事宿（幕府の御用宿）にまつわる不正疑惑に家業の旅籠屋が巻き込まれて冤罪《えんざい》を被り、郊外へ江戸払い（＝追放）となってしまいます。以後十数年の間、国学の見識を深めますが、同い年の兄弟弟子・鹿都部真顔の提唱する優雅な「俳諧歌」の独占状態となっていた狂歌界に復帰した文化年間には、蔦重はすでに亡くなっていました。

その後、門人を多数抱える職業狂歌師として軽妙な天明狂歌を復活させるほどの活躍をして、一八一七〔文化十四〕年に師の調停で鹿都部真顔とも和解。一八三〇〔天保元〕年に七七歳で亡くなっています。代表作は「歌よみは下手こそよけれあめつちの動き出してはたまるものかは」で、高校教科書にも掲載されているほどです。

絵師　喜多川歌麿

年齢不詳ですが、おそらく蔦重より三歳ほど下の絵師が、**喜多川歌麿**《きたがわうたまろ》（一七五三？～一八〇六年、もとの北川豊章《とよあき》）です。出身地も江戸や川越《かわごえ》（埼玉県）など諸説あり、謎が多い人物です。俗称は勇助。

鳥山石燕《とりやませきえん》の下で絵を学び、当初は北川豊章を名乗り、一七七〇（明和七）年にはすでに俳句集の挿絵などを描いていました。

理由は定かではありませんが、吉原大門口で蔦重の義兄が営む引手茶屋や蔦重の書店に出入りしたようです。確かに同じ苗字（喜多川）ではありました。

蔦屋の「耕書堂」では、一七八一（天明元）年に刊行された黄表紙『身貌大通人略縁起《みなりだいつうじんりゃくえんぎ》』で初めて「うた麿」を名乗り挿絵を担当しました。

その後、歌麿は「北尾派」の北尾重政・北尾政美〔鍬形蕙斎〕師弟と並ぶ蔦重お抱えの絵師として、挿絵・絵本などの仕事で活躍していきます。特に北尾重政には目をかけられ、弟子のような扱いで色々と世話になったようです。

天明の狂歌ブームを受けて蔦重が編み出した新ジャンル「狂歌絵本」において、『画本虫撰《えほんむしえらみ》』『潮干《しおひ》のつと』の挿絵を描きヒットさせたり、他にも風景画・美人画・役者絵など多くの仕事を受け、一時期は蔦重の家に居候し、専属絵師のような存在でした。蔦重に誘われて狂歌の吉原連にも参加し、日々、遊郭やその周辺で多数の女性を観察し、話し込んだりしており、この経験が後の作風に活かされることになります。

浮世絵師として盤石《ばんじゃく》の評価を確立していましたが、「寛政の改革」で黄表紙・洒落本が弾圧されると、浮世絵の出版へとシフトチェンジを図る蔦重の依頼を受け、顔を中心に上半身のみを描く美人画「**美人大首絵**《おおくびえ》」で大勝負をかけることになります。

これが歌麿の作風にピッタリとハマったのです。女性らしい何気ない仕草を描く官能的な表現で**人物の内面まで浮かび上がらせようとする手法**は、その後の絵師たち（現代の画家を含む）に多大な影響を与えるほどになりました。

また、歌麿が描いたのは吉原の遊女や人気茶屋の評判娘などが多く、彼女たちは江戸に暮らす人々にとっては憧れの対象でもあったことから、評判を呼びやすかったこともあります。

歌麿は、一七九一（寛政三）年から一七九四（寛政六）年にかけて、『婦人相学十躰《じってい》』『**婦女人相十品**《ふじょにんそうじっぽん》』『歌撰戀之部《かせんこいのぶ》』などをシリーズ化して次々に発表し、いずれも江戸で大評判となります。題材設定やシリーズ化のアイデアは、もちろん旧知の版元・蔦重とともに考え出したものでしょう。

連作『婦人相学十躰』は、歌麿の特技である女性の性格・運勢を診る「相学《そうがく》（相《そう》見》《けん》」を活かしたもので、人ごとにさまざまな表情を描き出しています。また、連作『婦女人相十品』中の一枚「ポッピンを吹く女」や、一枚絵『**寛政（江戸）三美人**』は美人画のお手本的な傑作として名高く、高校日本史の教科書や資料集にもいずれかは必ず掲載されているほどです。

しかし、人気が出過ぎた歌麿の美人画は、大首絵・全身絵に限らず風紀を乱すとしてのちに幕府から警戒され、たびたび取り締まりの対象となりました。

そのような中、蔦重の死の七年後にあたる一八〇四（文化元）年に出された三枚絵『太閤五妻洛東遊観之図《たいこうごさいらくとうゆうかんのず》』は、豊臣秀吉の「醍醐《だいご》の花見」を描いたためか徳川将軍家の怒りを買ったようで、ついに捕らえられた歌麿は、「寛政の改革」時の山東京伝と同様に、**手鎖五十日の刑**《てじょう》に処せられました。釈放された後も病気がちとなり、二年後に五三歳？で亡くなり、世田谷の専光寺《せんこうじ》に葬られています。

歌麿の美人画は、何度も郵便切手の図案に選ばれ、アメリカのボストン美術館など海外の有名美術館にも収蔵されているほど、国内外を問わず有名です。

美人を描くことに適性があると才能を見抜き、大首絵を描くことを勧めた蔦重と、その期待に応え超売れっ子になった歌麿との関係は、常に良好だったわけではありませんが、日本絵画史上、最強のコンビだったと言えるでしょう。

そもそも二人は苗字が同じ。蔦重が喜多川家に養子に出た少年時代から、すでに深い縁でつながっていたのかもしれませんね。

同世代の三人は、俺と合わせて天明～寛政の四天王みたいなもんさ。おっと、そんなこと気軽に言っちゃあ、幕府の御家人の大田南畝さんに叱られるかもな。

南畝さんの教養は凄いぜ。まあ恋川春町さんもだったけど、実際何でもできる人ってのはいるもんだな。そりゃあ出世するよ、って話だ。ただあの二人は特に狂歌が絡むとノリが良すぎて、まあ相手するのも大変だった。そう、カネも時間もかかるんだよ。宿屋飯盛は鹿都部真顔と並ぶ南畝さんの一番弟子だけど、タイプが違ったよな。

歌麿は、ずいぶん長い付き合いで、何のつもりか義理を欠くような真似《まね》もするところがやっぱり町人なんだろう。俺はほら、お武家さんとの付き合いが長いから、できるだけ誠実に、義理を守ってやってこうとするから、お互いぶつかることも多かった。でもな、戦友だよ。もの凄く大事な奴。俺が死んだ後、手鎖五十日の刑になったのは笑えねえけどな。だいたいあいつは俺がいてナンボだよ、たぶん。

言い過ぎか……、でも、いいだろう。俺たちの仲だ（笑）。

絵師　葛飾北斎

年齢不詳ですが、おそらく蔦重より十歳ほど下の絵師が、**葛飾北斎《かつしかほくさい》**（一七六〇？～一八四九年、もと勝川春朗《しゅんろう》・宗理《そうり》など）です。あまりにも有名人なので、独立した項目立てで扱っていますが、じつは**蔦重の生前は黄表紙の挿絵を描く程度の関係**でした。

約七十年と長く活動した北斎のキャリアの後半、特に全盛期は、蔦重の死後だったからです。

彼は、江戸の本所割下水《ほんじょわりげすい》（現在の東京都墨田区北斎通り付近）の川村某《なにがし》の子に生まれました。幼名は時太郎のち鉄蔵で、のち養子に出たとか出ないとか、詳しくは不明です。本人いわく、六歳から絵が上手で、十代前半で貸本屋の丁稚《でっち》、十代半ばからは木版画の版木彫師《ほりし》の徒弟《とてい》だったとのこと。

一七七八（安永七）年、役者絵に定評があった勝川春章に弟子入りして勝川春朗と名乗り、「勝川派」の絵師として活動を始めます。実質的な処女作とされるのが、役者絵『三代目瀬川菊之丞《せがわきくのじょう》の正宗娘《まさむねむすめ》おれん』ですが、翌年の一七七九（安永八）年には『四代目岩井半四郎』もそれなりに注目されましたが後が続きません。鱗形屋が刊行した『吉原細見』の挿絵も描いています。伸び悩んだことから、秘かに幕府御用絵師の「狩野派《かのうは》」や朝廷絵所預の「土佐派」、町絵師の「堤派」、中国の明画《みんが》や司馬江漢《しばこうかん》の洋画・銅版画やなど手当たり次第に他派の画風も学び、約十五年間、多ジャンルを多作して研鑽を重ねます。

師の春章が亡くなったことから（他派を学んだことで破門されたとも）、その翌年の一七九四（寛政六）年に俵屋宗理《たわらやそうり》と名乗り、一時期は京都発の「琳派《りんぱ》」に属しましたが、のち「俵屋」号を返還して宗理として独立します。様々な試行錯誤の結果、うりざね顔に細長い体つきの「宗理風《そうりふう》」と呼ばれた独特の美人画で個性を発揮し、評価を高めました。和漢洋の画法を体得した北斎は、狂歌絵本や一枚刷の浮世絵などを数多く描き活躍、「時太郎可候《ときたろうかこう》」の名で数種の黄表紙まで発表しています。春画《しゅんが》も描けば川柳も詠むなど、とにかく自らの画力を上げるためなら何でもする、という貪欲な姿勢でした。

勝川春朗《かつかわしゅんろう》だった頃に関わるようになった蔦屋重三郎は、ベテランの北尾重政や脂が乗ってきた喜多川歌麿の次世代として、北尾政美（鍬形蕙斎）と並び立つ絵師になるだろうと北斎に期待し、山東京伝の黄表紙の挿絵などを依頼しつつ叱咤激励するような立場だったようです。だからこそ、まだ無名だった蔦屋のもと手代の戯作者・**曲亭**

馬琴と北斎を組ませたのでしょう。

一七九二（寛政四）年には蔦屋「耕書堂」から『花春虱道行《はなのはるしらみのみちゆき》』、一七九四（寛政六）年には『福寿海《ふくじゅかい》无《む》量品玉《りょうのしなだま》』を作者・絵師コンビとして刊行しています。京伝や歌麿・写楽のように主力ではありませんでしたが、馬琴と北斎は一時的に共同生活を行うほど親密な関係になり、蔦重の死後、次々とヒットを飛ばすようになります。『小説比翼文』『新編水滸画伝《すいこがでん》』『**椿説弓張月**《ちんせつゆみはりづき》』など、馬琴作の読本において、北斎が手掛けた挿絵は多く、馬琴も北斎の画力を高く評価する記述を残しています。しかし、ともに妥協を許さない姿勢の持ち主で口論が多く、次第に確執《かくしつ》が生まれて絶縁したという説もあり、面白い関係でした。

蔦屋と北斎の関係は常時良好でした。「耕書堂」の店頭を描いた絵は、初代の死の二年後、一七九九（寛政十一）年に刊行した『画本東都遊《えほんあずまあそび》』にある一枚です。さらに翌年には狂歌絵本『東都名所一覧』の挿絵を描き、以後も『潮来《いたこ》絶句』『画本狂歌《えほんきょうか》山《やま》満多山《またやま》』『己痴羣夢多字画尽《おのがばかむらむだじえづくし》』などを続々と刊行し、エース格の絵師として二代目を支えていきます。

その後、北斎は、五十代半ばから絵の教習本である絵手本『**北斎漫画**』約三千点、七十歳を超えて風景画『**富嶽三十六景**』を完成させ、人気浮世絵師の地位を不動のものにしました。明治維新期に欧米に知られ、『北斎漫画』は「ホクサイ・スケッチ」として参考にされ、風景画はマネ・モネらフランス後期印象派の画家たらに多大な影響を与えています。

そういえば、二〇二四年七月に発行開始となった北里柴三郎の肖像を使用した新千円札の裏面に、北斎の『富嶽三十六景』中の一枚「**神奈川沖浪裏**《なみうら》」が選ばれましたね。他に〝赤富士〟と呼ばれる「**凱風快晴**《がいふうかいせい》」も一度は見たことがあるはずです。

北斎は、版元の要請に応じて挿絵・美人画・風景画・役者絵など多岐にわたる作品を長年描き続け、花鳥図などの肉筆画も多数残し、結果的に三万点以上を仕上げたとされています。晩年、信濃国《しなののくに》（現在の長野県）小布施《おぶせ》を訪れて当地で大作を残し、遺作とされる「富士越龍図《ふじこしのりゅうず》」も肉筆画でした。

八十歳を過ぎても情熱は衰えることなく、八三歳ごろから日課として描いた「日新《にっしん》除魔《じょま》」と題された大量の獅子図が残っています。

北斎は、時期により漢画・洋画を含むさまざまな画法を学び、優れた描写力と大胆な構図を特色とする独自の様式を確立した稀有な絵師です。多数の画号を使い、その都度画風を変えつつ旺盛に創作を続け、終生画業の開発と変革に努めつつ、八九歳ごろ没したとされています。画号は「勝川春朗」「俵屋宗理」「画狂人」「画狂老人」「卍」など三十度以上も変更し、「葛飾北斎」を名乗ったのは、十九世紀初頭の四年ほどにすぎません。私生活では二度結婚し、後妻との間の娘「お栄《えい》」は、葛飾応為《おうい》という女絵師になりました。また、生涯九三回も転居するなど、**引っ越し魔**としても有名です。

戯作者・絵師　山東京伝

蔦重の十一歳下の戯作者・絵師が、**山東京伝**《さんとうきょうでん》（一七六一〜一八一六年、画号は北尾政演《きたおまさのぶ》・狂歌名は身軽折輔《みがるのおりすけ》）です。江戸郊外の岡場所〈私娼街〉だった深川の質屋奉公人・岩瀬伝左衛門の長男に生まれました。

本名は醒、通称は伝蔵と言います。少年時代に一家で京橋近くの銀座一丁目に転居したことから、のち筆名が江戸城紅葉山の東、京橋近くに住む伝蔵＝京伝になりました。八歳下の弟は、のちの有名戯作者・山東京山《きょうざん》、年齢不明の妹も黒鳶式部《くろとびしきぶ》という名で戯作者になります。

京伝は蔦重にとって最も重要な戯作者でしたから、本書でも重点を置いて扱います。

「身はかろく持つことよけれ軽業《かるわざ》の　綱の上なる人の世渡《よわたり》」と自ら詠んだ狂歌のような人生を、他と比べれば長めに、たっぷりとご紹介しましょう。

京伝は、少年時代から長唄や三味線を松永某《なにがし》に学び、さらに北尾重政に入門して「北尾派」の絵師・北尾政演となりました。三歳下の兄弟弟子に北尾政美《きたおまさよし》〈鍬形蕙斎《くわがたけいさい》〉がいます。

戯作者としての処女作は、十七歳の一七七八〈安永七〉年に刊行された黄表紙『お花半七開帳利益礼遊合《はなはんしちかいちょうりやくのめくりあい》』です。二年後に出した『娘敵討古郷錦《むすめがたきうちふるさとのにしき》』『米饅頭始《よねまんじゅうのはじまり》』もですが、自ら挿絵も描いています。

その後も執筆・作画を重ね、二一歳の一七八二〈天明二〉年、黄表紙『手前勝手御存商売物《てまえかってごぞんじのしょうばいもの》』が大評判となりました。当時はこの作品の版元・鶴屋「仙鶴堂」の専属的作家でしたが、大田南畝〈蜀山人〉が戯作評判記『岡目八目《おかめはちもく》』で絶賛したこともあり蔦重にスカウトされ、「耕書堂」からも作品を刊行することになります。

朋誠堂喜三二・恋川春町と同様に作者と絵師を兼任できる蔦屋の次世代エースとして、一七八四〈天明四〉年には黄表紙の作品集『吉原傾城《けいせい》新美人合自筆鏡《あわせじひつのかがみ》』が売り出され、さらに二年連続で**黄表紙**『**江戸生艶気樺焼**《えどうまれうわきのかばやき》』『明矣七変目景清《あくしちへんめかげきよ》』を刊行して、二十代前半で一気にスターダムに乗ります。

『江戸生艶気樺焼』は、大金持ちの商人の一人息子で十九歳の艶二郎《えんじろう》が主人公です。本人は美男だと思い込んでいますが、実際は低いブタ鼻の醜男《ぶおとこ》です。この若旦那が江戸で色男と評判になりたくてカネを使いまくり失敗を重ねるのですが、父に戒《いさ》められ目を覚まし、真面目に商売に打ち込む、という教訓めいた話です。しかし、読んでいるうちに遊郭の詳細、何より粋《いき》と野暮《やぼ》の違いが浮かび上がる秀作で、深川生まれで吉原に通い詰めた京伝ならではの秀作でした。

また、主人公・艶二郎の極端に鼻の開いた間抜け顔の挿絵も評判になりました。というのも以後、美男だった京伝が自画像を描く時に自虐的に使用し、「京伝鼻」と呼ばれたからです。どうすれば話題になり、かつ嫌味にならないか、大衆を沸かせられるかというセンスに非常に長けていたのですね。この点は蔦重とそっくりです。

そんな京伝と蔦重は、狂歌を楽しみ吉原や隅田川（大川）で遊興するだけでなく、下野国《しもつけのくに》（現在の栃木県）日光に旅行するほどの中で、二人三脚状態でヒットを連発していきました。それぞれ私娼街の深川近くと公娼街の吉原の出身で、遊女屋・引手茶屋での遊び方に詳しくノリもよかったのでしょう。二人は大衆の娯楽を支える戯作や浮世絵の出版業界の、まさにゴールデンコンビでした。

「北尾派」の絵師かつ狂歌師でもある京伝は、黄表紙・洒落本・狂歌本・狂歌絵本のみならず挿絵や錦絵の一枚絵、さらに艶本《えんぽん》（春画＋エロい会話）などなど何でもお任せのマルチ人間、かつ謙虚な性格だったようで、鶴屋・蔦屋に限らず各版元に重宝され、喜三二・春町・南畝ら武家出身で年長の同業者たちに可愛がられています。狂歌名・身軽折輔《みがるのおりすけ》も、武家の下男＝折輔の洒落としていました。

さて、一七八七（天明七）年には蔦屋「耕書堂」から刊行された**洒落本『通言総籬《つうげんそうまがき》』**が大評判となり、二六歳の戯作者・京伝と三六歳の版元・蔦重は、この若さで名実ともに江戸のトップを獲ったといえます。もちろん、引き抜かれた形の鶴屋喜右衛門も黙ってはおらず、蔦屋・鶴屋は競うようにして京伝の作品を出版しました。

しかし、この年に十一代将軍に就任した徳川家斉の下で、老中首座・松平定信が

「寛政の改革」を始め、世相が変わってしまいます。京伝と蔦重は、一七八九（寛政元）年に刊行した黄表紙『孔子縞于時藍染《こうしじまときにあいぞめ》』以降、幕府に目をつけられます。というのもこの年、蔦屋から出た恋川春町作・北尾政美〔鍬形蕙斎〕画の黄表紙『鸚鵡返文武二道《おうむがえしぶんぶのふたみち》』がすでに定信の逆鱗に触れていたからです。

京伝も同年、石部琴好《いしべきんこう》の黄表紙『黒白水鏡』（版元不明）の挿絵を描き筆禍《ひっか》を注意され過料（＝罰金）となっていた件もあったので、他人の作品に挿絵を提供する絵師としての活動はほぼ停止することにし、自身の作品にしか絵を描かなくなります。何しろ絵師が単独で処罰された初めての出来事で、作者の町人作家・石部琴好に至っては手鎖の後、江戸払い（＝追放）となり、以後は行方不明となるほどの大事件だったのです……。

だからこそ、なかなか芽が出ず貧乏で一時的に居候までさせていた戯作者・絵師の曲亭馬琴の弟子入りも最終的に断り、蔦重に紹介しています。もはや京伝は戯作者・絵師を引退するつもりだったのです。馬琴が蔦屋の手代になったことには、このような事情がありました。しかし、蔦重は、馬琴は預かりつつ、京伝を必死で説得して引退を撤回させました。

一七九〇（寛政二）年、黄表紙『心学早染草《しんがくはやそめぐさ》』（挿絵は北尾政美〔鍬形蕙斎〕）を出しますが、「享保の改革」期からあった出版統制令が強化され、嫌な予感が……。

そして一七九一（寛政三）年、洒落本三部作『**仕懸文庫**《しかけぶんこ》』『娼妓絹籭《しょうぎきぬぶるい》』『錦之浦《にしきのうら》』が、風紀を乱すとして作者の京伝は**手鎖五十日**、版元の蔦重は財産の一部没収という処罰を受けます。

確かに洒落本は、別時代の舞台設定でも実際には吉原や深川の廓《くるわ》遊びを描いているので、好色本扱いされるかスレスレだったのですが、教訓話のように見せかけるなどして、京伝は自己検閲的に、蔦重は確信犯的に出版していました。黄表紙が弾圧されている中、洒落本で爆発的な売上を出したかったのです。

しかし、そもそも前代未聞の三作同時発売。当世随一の戯作者・京伝と、江戸一の版元・蔦重のコンビで、話題にならないわけがありません。実際、売れに売れると目立ち過ぎ、関係者一同処罰されました。地本問屋仲間行事二名に、全く無関係の京伝の父・伝左衛門まで町奉行所に「急度叱《きっとしかり》」（＝叱責）される始末……。

売れっ子戯作者と有名版元の処罰は、厳しい「寛政の改革」の象徴となりました。見せしめとしては一番だったのです。

その後、意気消沈どころか怯えてしまった京伝本人は、今度こそ引退するつもりで毛頭書きたくなかったのですが、蔦重に半ば脅迫気味に励まされつつ、（洒落本には懲りて断筆しても）黄表紙『箱入娘《はこいりむすめ》面《めん》屋《や》人魚《にんぎょう》』など、おとなしめの教訓的な戯作や、心学〔石門心学〕（＝上方の石田梅岩《ばいがん》が創始した町人道徳）の本を描き続けることになりました。朋誠堂喜三二・恋川春町・大田南畝〔蜀山人〕といった人気武士作家たちを断筆や死去で失い、天明の狂歌ブームも過ぎてしまった今、蔦屋「耕書堂」は人気町人作家・京伝に頼るしかなかったのです。京伝もまた、寛政期以降、蔦重から例外的に潤筆料《じゅんぴつりょう》〔作料〕を貰い、それで生活していたので、執筆意欲が落ちてもなお、断ることは難しい。曲亭馬琴が、（ブツブツ言いながらも）ある程度代筆・執筆補助的な役割を果たしてくれたことも大きかったようです。そして鶴屋ら他の版元たちからも当然声がかかりました。

処罰から二年が経った一七九三（寛政五）年。老中首座・松平定信が罷免《ひめん》され、「寛政の改革」が終わった年のことです。京伝は京橋に喫煙用の小物販売店「京屋（山東京伝正舗）」を開店します。洒落本を断筆せざるを得ない、という経験をしたからこそ、ようやく本業をもつ気持ちになったのでしょう。いつまた黄表紙などが咎められるかヒヤヒヤしながら戯作者・絵師だけで暮らしていくのはリスクが大きすぎるわけです。

煙管《きせる》の他、自らデザインした紙製の煙草入れを販売すると「京伝好み」として、通を気取る男や若い娘たちの間で評判になり、売れに売れました。

さらに「読書丸《がん》」という飲めば物覚えがよくなる、という正直怪しい薬まで売り出し、これまた大当たり。さすが京伝、商売のセンスまであったということですね。

ただし、開店した年に、もと吉原・扇屋の遊女「菊園《きくぞの》」だった愛妻お菊を失っています。喪《も》に服していた一年間、誰に言われても何も執筆しなかったほどの落ち込み様でした。二人で暮らした家も引き払い転居したほどです。とはいえ、妻の死から七年後、別の若い遊女を身請けして再婚しているのは京伝らしいといえます。

蔦重の死後は、二代目の下で読本『忠臣水滸伝《ちゅうしんすいこでん》』を刊行し、また、黄表紙を数冊綴じ合わせた合巻の作者としても一線を張り続けますが、作風は子ども向けの教訓的なものに変わっています。

それでも執筆と挿絵の両刀遣いだったのでニーズは衰えず、本業の小物屋に加え、職業作家・絵師としても収入を得続けました。これは、後に続く曲亭馬琴・十返舎一九らが作家を本業としていく勇気・希望になったことでしょう。ただ、若い頃さんざん面倒を見てやった馬琴は、本人が売れっ子になると京伝をライバル視し、『伊波伝《いわで》毛乃記《ものき》』で「声が悪く芸事を断念」「絵の才能がなく絵師をあきらめた」「戯作者のクセに本格作家を志す」等、デタラメだらけの悪口を書きまくっています……。

晩年にはさまざまな考証に傾倒し、『近世奇跡考』『骨董集』などを執筆していました。戯作者・絵師として人々を一時楽しませてきた京伝は、「花」は十分に得ていました。だからこそ確固たる「実《み》」も感じたかったのかもしれません。

一八一六（文化十三）年、脚気による胸痛発作により五五歳で亡くなりました。死の翌年に出された合巻『長髪姿蛇柳《ながかもじすがたじゃやなぎ》』には、辞世ともとれる狂歌「桜木にのぼる姿は山王《さんのう》の　猿に三本足りぬ戯作者」が掲載されています。

本所《ほんじょ》（現在の墨田区両国）の回向院には、京伝と弟の京山の墓があります。京伝は、幼少時に父からもらった机を生涯愛用したことから、死後に京山が浅草寺《せんそうじ》に埋め、机《つくえ》塚《づか》を建てていることは有名です。

最後に豆知識を一つ。

若くして大人気となった京伝に近づいてくる作家・絵師はたくさんいたので、（版元から受ける接待は別として）同業者間で遊興する場合、当時は極めて珍しい全員平等の負担、奢った奢られたの「貸し借りなし」の関係にしました。嫉妬の対象となり得る人間ならではの、無用なトラブルを避ける術だったのです。当時はこれが「京伝勘定」とも呼ばれ、現在でも京伝は「**割り勘《かん》の祖**」とされています。

絵師　北尾政美〔鍬形蕙斎〕

蔦重の十四歳下の絵師が、**北尾政美《きたおまさよし》**〔**鍬形蕙斎《くわがたけいさい》**〕（一七六四〜一八二四年）です。駿河国（現在の静岡県中部）から江戸に出た畳《たたみ》職人の子として生まれました。俗称が三二郎《さんじろう》だったこともあり、仲間内では「畳の三公」と呼ばれ親しまれていたようです。

少年時代の一七七六（安永五）年頃、北尾重政の弟子となり、挿絵などで研鑽を積んでいきます。十七歳の一七八一（天明元）年以降は、多色刷の錦絵や肉筆画も描くようになりますが、当時は圧倒的に挿絵・絵本中心の町絵師でした。

二十歳の一七八四（天明四）年、師の北尾重政が蔦屋「耕書堂」の看板絵師だったこともあり、狂歌本『早来恵方道』の挿絵から蔦重との仕事が始まります。

以後、数々の黄表紙の挿絵に登用されるようになり、北川重政や喜多川歌麿を凌ぐ、

「耕書堂」が刊行する黄表紙のエース絵師となりました。

しかし、一七八七（天明七）年、就任したばかりの十一代将軍徳川家斉の下で老中首座・松平定信「寛政の改革」が始まると、状況が急変します。

一七八九（寛政元）年、挿絵を担当した恋川春町の黄表紙『鸚鵡返文武二道』が定信の怒りに触れ、春町が亡くなるほどの事態となりました。さらに一七九一（寛政三）年、山東京伝の洒落本『仕懸文庫』などが弾圧されると、版元の蔦重は、黄表紙や洒落本よりも浮世絵出版に重点を置く方針となり、さらに書物問屋株を得て専門書などにも手を広げていきました。これでは政美は、これまでのような活躍は見込めませんね……。

一七九四（寛政六）年、数年前から鍬形蕙斎と名乗っていた政美は、美作国《みまさかのくに》（現在の岡山県北部）の親藩大名・津山藩松平氏の御用絵師に抜擢され、剃髪《ていはつ》して江戸藩邸に出入りするようになります。「寛政の改革」は前年に終わっていましたが、立場上のこともあって、黄表紙への関わりを徐々に控えだし、一七九六（寛政八）年には、世話になった蔦屋からも離れました。

「北尾派」から独立・改名した政美〔蕙斎〕は、さまざまな流派を学ぶ向上心溢れる絵師でした。蔦重が亡くなった一七九七（寛政九）年には、幕府御用絵師の狩野惟信《かのうこれのぶ》に日本画を本格的に学びもしています。町人出身の彼からすれば、武家社会への本格的参画のため、必要なことだったのです。他に、大和絵・琳派《りんぱ》にも触れ、狂歌も詠み、総合的な文化人へと成長していきました。

一八〇四（文化元）年、老中首座罷免から十一年経っていた白河藩主松平定信の求めに応じ、江戸の職人・風俗を描く肉筆画『近世職人尽《きんせいしょくにんづくし》絵《え》詞《ことば》』を完成させます。これは全三巻の絵巻物で、詞書部分は上巻を大田南畝〔蜀山人〕・中巻を朋誠堂喜三二・下巻を山東京伝が執筆した、往時の蔦屋グループによる懐かしい制作となりました。

文化・文政期には「北斎嫌いの蕙斎好き」と呼ばれたほど人気を二分した、四歳違いのもと「勝川派」葛飾北斎ともと「北尾派」北尾政美〔鍬形蕙斎〕の二人は、勝川春草・北尾重政というそれぞれの師匠から完全に自立し、超一流の絵師となっていました。

その後、一八二四（文政七）年、六十歳の還暦《かんれき》で充実した人生を終えています。

戯作者・絵師　十返舎一九

蔦重の十五歳下の戯作者が、**十返舎一九**《じっぺんしゃいっく》（一七六五〜一八三一年）です。幕領の駿府《すんぷ》（現在の静岡市）で下級幕臣である御家人の次男に生まれ、駿府町奉行所同心《どうしん》の養子に出されたようです。本名は重田貞一《しげたさだかつ》。

二十歳前後で江戸に出て武家奉公するもすぐに辞し、新たに仕えた旗本・小田切土佐守《おだぎりとさのかみ》が大坂町奉行に赴任したことから同行するも長続きしなかったようです。

そのまま大坂で材木商の婿《むこ》となり、浄瑠璃作者・近松与七として『木下蔭間合戦《このしたかげはざまがっせん》』を三人で合作するなどした後、一七九四（寛政六）年、三〇歳で再び江戸に出て、蔦重と出会います。厳しい「寛政の改革」の規制も前年で終わり、謎の浮世絵師・東洲斎写楽を売り出していた全盛期の蔦重は、一九を高く評価して自宅に居候させ、「耕書堂」でさまざまな裏方仕事を教えてくれました。ここで出版に関するあらゆる仕事を体験したことが、一九の生涯を決定づけることになります。

そして一年後の一七九五（寛政七）年、黄表紙『心学時計草《しんがくとけいぐさ》』などの三冊で戯作者・絵師としてデビュー。これが評判となり、以後は毎年二十種近くの黄表紙を発表していきます。一九は、挿絵を自ら描くどころか版下まで作成するマルチな人材となります。

一七九七（寛政九）年の蔦重死後、二代目蔦屋「耕書堂」では山東京伝のさらに次世代の主力となり、一八〇一（享和四）年には洒落本『野良の玉子《たまご》』も執筆し好調でした。

さらに、一八〇二（享和五）年から刊行が始まった**滑稽本《こっけいぼん》**『**東海道中膝栗毛**』は、弥次郎兵衛と喜多八の「弥次喜多」コンビが、時には騒動を起こしつつ、江戸から伊勢参りへと旅する珍道中の話で、読者の熱狂的な支持を受けました。若い頃、駿府↓

江戸→大坂→江戸と行き来した経験が生きる内容で、かつ当時は旅行ブームだったこともあり、一八二二（文政五）年に完結するまで二一年にわたり続編が刊行され続ける江戸時代を代表するベストセラーとなりました。ちなみに「膝栗毛」とは、自分の膝を栗毛の馬のように使い（＝徒歩で）旅することを意味します。

一九は、二歳下の曲亭馬琴とともに、潤筆料《じゅんぴつりょう》（作料）や印税のみで生計を立てることができた**「日本初の職業作家」**として知られます。

手掛けたジャンルは多岐にわたり、黄表紙・合巻だけで三六〇種、洒落本・人情本・滑稽本・読本・噺本・往来物に加え、肉筆の浮世絵など作品は計六百種ほどになり、**江戸時代最大の多作家**となりました。読者の期待に応えよう、という心意気もありましたが、当時はそこまでやらなければ作家のみでは到底食べていけなかったのです。

一八〇四（文化元）年に出版した『化物太平記《ばけもの》』が発禁処分となり手鎖の刑に処せられており、書籍編集や素人の作者へ名前貸しまで行うなど、戯作者として経験していないことはないほど「戯作三昧《ざんまい》」の経験値を持ち、六六歳で亡くなります。現在、日蓮宗寺院の東陽院《とうよういん》（現在の中央区勝どき）に墓があります。

ちなみに戯作名「十返舎一九」は、十度焚《た》いても香りを失わないという香木「黄熟《おうじゅく》香《こう》〔十返し〕」と幼名の「市九」にちなんでいます。確かに息の長い、少年のような明るさをもった戯作者として、江戸時代後期の文化を支えた大作家でした。

戯作者　曲亭馬琴

蔦重の十七歳下の戯作者が、**曲亭馬琴《きょくていばきん》**（一七六七〜一八四八年）です。本名が滝沢興《おき》邦《くに》（のち解《とく》）であることから、以前はよく滝沢馬琴と呼ばれましたが、教科書の記述が変わり、近年ではあまり聞きません。

江戸郊外の深川で旗本・松平信成《のぶなり》の家臣の家に生まれた馬琴は、九歳で父を亡くし、長兄・次兄が他家に出ていたことから、五男の身で滝沢家を継ぎます。しかし、主君の孫・八十五郎《やそごろう》の暗愚ぶりに耐えかね、十三歳で出奔します。

長兄や叔父に面倒をみてもらいつつ、俳諧や戯作、絵草紙などに親しんだ後、転々と武家屋敷の渡り奉公をし、放蕩《ほうとう》生活を送ったこともありましたが、二二歳で医師を志すことにしました。しかし途中で儒学の講義のほうに興味を持ってしまい、ともに挫折し、戯作で身を立てることにしたようです。いい加減なスタートだったのです。

二三歳の一七九〇年（寛政二）年、同じ深川生まれで六歳上の売れっ子戯作者、山東京伝に弟子入りを志願し、最終的に師弟関係は断られたものの結婚数年後の家庭に出入りを許され、夫妻に生活面を助けられながら、翌一七九一（寛政三）に大栄山人の筆名で黄表紙『尽用而二分狂言』を刊行しています。

この年、京伝は「寛政の改革」で手鎖五十日の刑を受けていたので、代作を手掛ける戯作者が必要だったこともあり、馬琴は各版元から重宝されました。当初からそれなりの力はあったということです。

翌年、世話になった京伝から蔦重を紹介され、蔦屋「耕書堂」の手代として衣食住を保障されたうえで、戯作者としての経験を積んでいきます。さらに翌年、履物屋の三歳上の寡婦《かふ》「お百《ひゃく》」に婿入りして生活を安定させ、戯作に専念することになりました。

さて、二九歳の一七九六（寛政八）年、初の読本『高尾船字文《たかおせんじもん》』が刊行されると、そこまで売れませんでしたが、幕府から弾圧されようのない「**勧善懲悪**《かんぜんちょうあく》」という理想を貫く読本ブームの先駆けとなります。

少しだけ自信をつけた馬琴は、三一歳で商売から手を引いて婿入り先から独立し、戯作者として生計を立てることにします。御家人・滝沢家復興の重責は、馬琴の長男・宗伯《そうはく》の双肩にかかっていきます。

注文は来てもイマイチの売れ行きという状態が続いたのですが、三五歳の一八〇二（享和元）年、上方（京都・大坂）に取材旅行をし、当地の文人たちに触れて大いに刺激を受けました。この経験を一八〇四（文化元）年にまとめた随筆が『蓑笠雨談《さりゅううだん》』です。そして一八〇五（文化二）年に大坂の河内屋《かわちや》から刊行された読本『月氷奇縁《げっぴょうきえん》』が評判となり、ようやく戯作者として開眼《かいがん》し、自信をつけました。これまで江戸にいて、人の世話になるばかりだった馬琴にとって、出版文化発祥の地への旅が、ブレイクスルーとなったのです。

それが妙な方向に向かってしまうのが彼らしいところで、この頃から、以前世話になったはずの町人作家・京伝にライバル心を燃やし、対立を深めていきます。京伝の伝記を馬琴が別名で書いた『伊波伝毛乃記《いわでものき》』では、デタラメな悪口を並べており、マルチな才能に対し少なからず嫉妬があったことは間違いありませんが、以後、読本ブームが来たこともあり、実績としては圧倒していきます。

浮世絵が歌麿・写楽から北斎・広重へ世代交代していったように、戯作でも京伝から一九・馬琴の時代へと交代していったのです。それぞれが「宝暦・天明期の文化」から「化政文化」への移行の象徴となりました。

馬琴は、一八〇七（文化五）年刊行の読本『**椿説弓張月**《ちんせつゆみはりづき》』（挿絵は葛飾北斎）、翌年刊行の読本『三七全伝南柯夢《さんしちぜんでんなんかのゆめ》』をはじめ、黄表紙・合巻・俳書・考証本など数々のヒットを飛ばし、滑稽本の十返舎一九と並ぶ多作のベストセラー作家となります。一九と同様に潤筆料（作料）と印税だけで生計を立てた「**日本初の職業作家**」となりました。

特に一八一四（文化十一）〜一八四二（天保十三）年の二八年にわたり刊行された**読本『南総里見八犬伝』**は「勧善懲悪・因果応報」の典型パターンを駆使した傑作で、現代でも舞台化・映画化・テレビドラマ化され、各世代を熱狂させてきました。しかし、全九八巻・一〇六冊の超大作の完成までには幾多の苦労がありました。

一八三五（天保六）年、息子の宗伯は医師となるも三四歳で亡くなりました。残された息子の妻「お路《みち》」は、その四年後から眼疾《がんしつ》が悪化していった馬琴の作品を口述筆記で何とか仕上げていきます。そして自身の妻「お百」も、一八四一（天保十二年）、『南総里見八犬伝』完成の前年に亡くなっています。

その間、他の読本はすべて中絶し、合巻『傾城水滸伝』シリーズで収入を確保しながらの作業でしたが、生活苦に悩み、馬琴は最終的に失明しています。

このような満身創痍《まんしんそうい》で戯作に打ち込んだ馬琴は八一歳まで生き、一八四八（嘉永元）年に亡くなり、墓所は茗荷谷《みょうがだに》（現在の文京区茗荷谷）の深光寺《しんこうじ》にあります。

死後、『南総里見八犬伝』は明治時代半ばごろまで根強い人気を保ち、近世の戯作の代表として、近代作家と文学の在り方を準備したといえます。また、長年にわたり書き残した『**馬琴日記**』は江戸時代後期の史料として大変貴重です。

ちなみに馬琴は、「奇応丸《きおうがん》」という腹痛・食傷《しょくしょう》・吐き気・嘔吐《おうと》・小児神経過敏症に聞く漢方薬を製造販売していたことでも有名です。

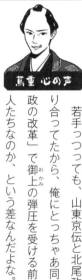

若手っつっても、山東京伝と北尾政美〔鍬形蕙斎〕は上の世代と五分にやり合ってたから、俺にとっちゃあ同志みたいなもんだ。結局のところ「寛政の改革」で御上《おかみ》の弾圧を受ける前の人たちなのか、その後に入ってきた人たちなのか、という差なんだよな。

京伝はすげえよ。普通はほら、戯作や挿絵なんてのはもともとお武家さんの余技扱いだからさ。吉原で接待したり、手前のところで刊行した新刊や絵草子のいくつかを渡しておけばそれでチャンチャンだったわけ。喜三二さんや春町さん、南畝さんなんてその典型よ。

ところが京伝は売れ過ぎてさ。払いたくなるんだよ、作料を。まあそうでもしないと囲えないってのもあるけど、あいつも洒落本が弾圧されて焦ったんだろうな。「京屋」で商売やって、センスあるもんだから「京伝好み」なんて煙草入れ当てちゃって。

となると、（ビビっちゃったってのが大きいんだけど）戯作者としてはキレを欠くわな。そうじゃなきゃ、一九とか馬琴に負けるわけねえだろう。まあ俺がおっ死んだ後だから何とも言えねえけどな。

一九は滑稽本、馬琴は読本か。まあ当たるのはわかってたからウチで面倒見てたわけだけど、大したもんだよ。何しろたくさん作ってんだからすげえや。体力っつうか気合が違うんだろうな。「何でも書いてやる」って。才能やセンスは京伝だけど、あいつらは総合的に上回るよ。何せ好きで命がけをやってんだから。馬琴なんて失明したそうだな。そりゃ副業でやってるように見える京伝のことを（あんなに世話になったのに）ボロクソ言いたくなる気持ちもわかるな（笑）。

それは北斎もだ。ちゃらんぽらんな歌麿とは違う。「何でも描いてやる」って、人生かけてんだから。

二代目蔦重の勇助は助かったろう。俺も嬉しいよ、版元・戯作者・絵師に次の世代がちゃんと育ってる。当時、西洋とは長崎でオランダとしか付き合いがなかったけど、こいつらはあっちの世界でも通用するぜ。な、あんたら。たぶんそうなんだろう？

蔦屋重三郎としのぎを削った同業者

文藝春秋と新潮社、集英社と講談社、リベラル社と……、現在でも出版社どうしがしのぎを削っているように、江戸時代の版元も熾烈な競争を繰り広げていました。ここでは「**耕書堂**」の**蔦屋重三郎のライバル**を三名挙げましょう。

まずは万治年間（一六五八〜六一年）に日本橋大伝馬町で創業した「**鶴鱗堂**《かくりん》」の三代

目、鱗形屋孫兵衛《うろこがたやまごべえ》（年齢不詳）です。鱗形屋は、初代の加兵衛と二代目の三左衛門が仮名草子・菱川師宣の絵本・浄瑠璃本・噺本などを出版し、その後、草双紙（赤本・黒本・青本）を得意としてきました。三代目の孫兵衛は、京都の八文字屋自笑《じしょう》が上方で出版し流行させていた浮世草子（八文字屋本）の江戸での版権を得たり、『吉原細見』を独占したりして、勢力を拡大しました。

そして一七七五（安永四）年、青本から発展した**黄表紙の第一作**として有名な**恋川《こいかわ》春町《はるまち》**『**金々先生栄花夢**《きんきんせんせいえいがのゆめ》』を出版し、大きな話題となります。その後も朋誠堂喜三二（作）・恋川春町（挿絵）コンビの黄表紙を出版し、江戸を代表する地本問屋（地本屋）として名を馳せました。蔦重はその二年前から『吉原細見』の販売権の一部を取得し、協力し合う二人は当時、蜜月関係にありました。年長の孫兵衛は蔦重の能力を評価し、後に『吉原細見』の編集も任せただけでなく、本作り全体の基礎を教え込んだと言われます。

しかし、鱗形屋「鶴鱗堂」は同年に手代が起こした重版事件のダメージ（孫兵衛は罰金刑）の蓄積もあり、急速に勢いを失っていきます。その隙間《すきま》を縫《ぬ》い、蔦屋「耕書堂」も『吉原細見』の版元となります。さらに一七八〇（安永九）年から黄表紙も出し、「鶴鱗堂」の専属作家的存在だった喜三二・春町コンビに声をかけヒットを連発するようになると、一七八三（天明三）年、ついに『吉原細見』は蔦屋の独占出版となりました。鱗形屋から蔦屋・鶴屋・西村屋などへ地本問屋の勢力は交代したのです。孫兵衛は晩年、経営不振の影響で引退し、「鶴鱗堂」も十九世紀初頭に廃業したとされます。

次に蔦重と同じ日本橋通油町に店を構えた時期もある「**仙鶴堂**《せんかくどう》」の二代目**鶴屋喜右衛門**《つるやきえもん》（**鶴喜**）（年齢不詳）です。もとは京都の書本問屋でしたが、万治年間（一六五八〜六一年）に分家が江戸に進出して（初代）、草双紙や錦絵を得意とする有名な地本問屋となりました。

蔦重が一七八〇（安永九）年に黄表紙の出版を始めると（前年には一緒に日光へ旅をしたこともある仲でしたが）、互いを意識し始めます。さらに一七八三（天明三）年、蔦屋

「耕書堂」が日本橋通油町に進出し、翌年「仙鶴堂」の専属作家的存在だった山東京伝に黄表紙を依頼するようになると、激しいライバル関係となります。

この二代目の死後も、三代目の鶴喜が二代目の蔦重（番頭の勇助）の競争相手となりました。鶴屋（二代・三代）も蔦屋（初代・二代）も、出版する本や浮世絵のジャンルが、ことごとく類似していたからこその商売敵です。

最後に「**永寿《えいじゅ》堂**」の**西村屋《にしむらや》与《よ》八《はち》**（年齢不詳）です。彼は、「鶴鱗堂」の**鱗形屋孫兵衛の次男**に生まれ、宝暦期（一七五一～六四年）に日本橋馬喰町で創業した西村屋の養子に入っています。

西村屋「永寿堂」は、鳥居清長の美人画を最も多く出版する、錦絵が得意な地本問屋で、じつは北川豊章（のちの喜多川歌麿）に挿絵を依頼したのは、蔦重よりも先という、審美眼に長けた人物でした。蔦屋「耕書堂」と錦絵の出版では組んだこともありましたが、のち蔦重が歌麿を重用し始めたあたりから、浮世絵出版において、激しいライバル関係になりました。

三人とも年齢不詳ですが、おそらく鱗形屋孫兵衛・鶴屋喜右衛門・蔦屋重三郎・西村屋与八の年齢順です。鱗形屋孫兵衛が二代鶴喜・初代蔦重の勢いに呑み込まれた後、養子に出た西村屋与八が浮世絵出版で伸びた、という感じです。

これら地本問屋どうしの競争があってこその十八世紀後半の出版界の隆盛でした。それは、二十世紀後半、週刊漫画雑誌のジャンプ（集英社）・マガジン（講談社）・サンデー（小学館）・チャンピオン（秋田書店）の競争と似ているような気がしますね。

鱗形屋孫兵衛さんには本当に感謝してる。何せ本作りのイロハを叩きこんでくれた大恩人なんだ。手代の起こした重版事件は痛手だったな……。まあその時の空白の一年でこちとら『吉原細見』の版元になれたわけで。翌年、鱗形屋版の出版が再開されても、蔦屋版が負けるわけねえしな。そもそも俺は吉原育ちだぜ？　あと、朋誠堂喜三二さんや恋川春町さんは、鱗形屋さんの調子がおかしくなったから、蔦屋でも黄表紙を書いて・描いてくれるようになったって

だけで。そういう意味でもありがてえ存在だったよ。

鶴屋喜右衛門さんとは「鶴喜」「蔦重」と並び称されたなあ……。俺が黄表紙に手を広げるまでは一緒に日光参りまでしてたのに、やっぱ難しいな。だって、出すジャンルが一緒なんだもんな！　あ、あと、山東京伝と俺が仲良くなりすぎたのもよくねえか。あれは引き抜きだもんな（笑）。鶴屋さん、業界の先輩だけど、いいライバルに恵まれた。切磋琢磨しあえる相手がいるってのは、本当にいいもんなんだよ。

西村屋与八ってのは、もともと鱗形屋孫兵衛さんの次男で、西村屋さんに養子に出たってこと。こいつ、べらぼうに浮世絵の審美眼があって、正直その分野では敵わなかったよ。地本問屋全体としてはこっちが勝ってるつもりだが、絵草子屋＝浮世絵屋としては負けてらあな。

彼ら三人が版元としての師匠・先輩・後輩って考えると、繰り返すが、俺は本っ当に人に恵まれたんだ。彼ら無くして蔦重は後世に名を残せなかったよ。真面目な話。

深読みコラム

吉原での遊び方

吉原を訪れた客は、どのように遊んだのでしょうか？

一階の張見世《はりみせ》に並んでいるレベルの遊女なら簡単で、**妓楼〔遊廓〕**の入口で気に入った遊女を指名すればいいだけです。武士なら大小の刀を預けた後、二階の引付《ひきつけ》座敷に案内され、待っていると遊女が上がってくる。揚代《あげだい》と呼ばれる料金を支払った後は、飲食を楽しむのも床入りするのも自由でした。

しかし、上級遊女の**花魁**《おいらん》と遊ぶのは簡単ではありません。妓楼と直接の交渉はできず、必ず引手茶屋を通します。茶屋に花魁が禿《かむろ》・新造・遣手婆《ばば》・幇間《ほうかん》〔太鼓持ち〕を引き連れて歩く「花魁道中」は聞いたことがあるでしょう。茶屋で酒宴を開き顔合わせを済ませた後、ようやく妓楼に向かいます。

花魁に初めて会う「初会《しょかい》」で、客は遊女から品定めをされます。そして二度目の「裏」、三度目の「馴染《なじ》み」を経て、互いの信頼関係が生まれれば、ようやく床入りとなります。

花魁に限らず、盛りのついた男が遊女の心を掴むのは簡単ではなく、他の妓楼の遊女に通うことは「野暮《やぼ》」とされましたし、同じ妓楼の他の遊女に通うのは厳禁でした。疑似恋愛的要素が強いとはいえ、客側の一途な思いが試されたのです。客にも作法と高いモラルが求められる。このようなルールが徹底されている独特の世界が、吉原でした。

第三章

謎の絵師・東洲斎写楽

〜十ヵ月で消えたジョーカー〜

写楽のデビュー

年齢不詳、わずか十ヵ月の活動期間で消えた**謎の浮世絵師**である**東洲斎写楽**（?～?）については、独立した章で細かく扱うことにします。

一七九四（寛政六）年五月、蔦屋重三郎の地本問屋「耕書堂」は、東洲斎写楽という全くの新人絵師の**役者絵**二八点をほぼ同時に発売しました。すべて多色刷の錦絵で、かつ上半身のみの**大首絵**。大判の一枚刷でした。

蔦重は、一七八七（天明七）～一七九三（寛政五）年の老中首座・松平定信による厳しい「寛政の改革」で、朋誠堂喜三二・恋川春町・大田南畝（蜀山人）ら武士出身の戯作者・狂歌師と、絵師の北尾政美《まさよし》を手駒として失い、さらに町人出身の超売れっ子戯作者・山東京伝は洒落本を断筆し、黄表紙などに関しても創作意欲が下がる始末でした。天明の狂歌ブームも過ぎ去り、版元としては新たなアイデアで次の勝負をかけなければいけない時期だったのです。

ちょうど同じ一七九四（寛政六）年五月、経営難に陥った中村座・市村座・森田座の「江戸三座」からそれぞれ興行権を貸し出されていた三つの芝居小屋（都《みやこ》座・桐《きり》座・河原崎《かわらざき》座の「控櫓《ひかえやぐら》三座」）による歌舞伎興行が一斉に始まりました。

当時、歌舞伎は江戸の民衆の大きな楽しみで、芝居小屋の周辺には茶屋や土産物屋が建ち並ぶ芝居町が生まれ、一日に千両（時期によるが現在の約八千万〜一億円）のカネが動いたとされます。「千両役者」という言葉も残っていますね。

興行主や芝居町の商人、役者や裏方たちは、興行を盛り上げるために格好の宣伝となる役者絵（現代でいうポスターやブロマイドのようなもの）を求めていました。

蔦重は、エース絵師・喜多川歌麿の美人大首絵を売り出しつつ、新たな謎の絵師に役者絵を描かせ、これも大々的に売り出したのです。

当時の歌麿は売れっ子になっており、旧知の蔦重が完全にコントロールできる絵師ではなかったので、あえて写楽を当て馬にして焦らせようとしたのかもしれませんね。

写楽はいったい何者なのか？

挿絵すらなかった絵師が突然現れ、約十ヵ月間、蔦屋重三郎の「耕書堂」から多数の役者絵と少数の相撲絵・武者絵を売り出して、ある日突然消えました。だからこそ、当時から「謎の絵師」として話題となり、現在に至るまでその出自や実名について、さまざまな推論が出されています。

最も有力な説は、阿波国《あわのくに》（現在の徳島県）の外様大名・徳島藩蜂須賀氏に仕える能役者・斎藤十郎兵衛《さいとうじゅうろべえ》です。江戸時代後期の史料に「俗称斎藤十郎兵衛、八丁堀に住す。阿州《あしゅう》侯の能役者也《なり》」と書かれている上、実在の人物であることも確かめられています。

しかし、そもそも能役者が絵師なのも妙で、武家奉公の者が錦絵や「大芝居」と呼ばれた歌舞伎の世界に下手に関わると、幕府の禁制に引っ掛かり咎《とが》めを受けることもあったので、意外と苦しい説です。

そこで、蔦屋の関係者でもあるマルチ人間・山東京伝や、喜多川歌麿の別画号、若手の葛飾北斎や十返舎一九……？　はたまた円山応挙《まるやまおうきょ》ら京都画壇「円山派」の日本画家、谷文晁《たにぶんちょう》ら文人画家などの有名絵師？　蘭学者でもある洋画家・銅版画家の司馬江漢《しばこうかん》？　いやいや蔦重本人だったり？　など多くの説が出ては消え、小説・舞台・テレビドラマ・映画によってさまざまな解釈がなされています。

昭和世代の読者の中には、プロレスラーのザ・デストロイヤー（アメリカ）やミル・マスカラス（メキシコ）の正体を知りたくてドキドキした人もいたでしょうし、平成には欧米で「謎の絵師」バンクシーが話題になったり、令和の現在でも歌手のＡｄｏさんなど、正体不明の存在は大衆を熱狂させます。初代タイガーマスクやザ・コブラ、スーパー・ストロング・マシーンや獣神サンダーライガー（全て日本）のように佐山サトルやジョージ高野、平田淳嗣《じゅんじ》や山田恵一《けいいち》だと判明すると、意外とつまらないもの。

蔦重は、あえて謎のまま貫き通すことで、写楽を永遠の存在に仕立て上げた、名プロデューサーだったのです。

四期に分かれる写楽の作品群

一七九四（寛政六）年五月〜一七九五（寛政七）年一月の十ヵ月間に東洲斎写楽が残した作品数は一四五点で、その中心は一三四点もある**役者絵**でした。ポスターやブロマイドの役割を果たしたそれらは、歌舞伎興行の時期によって、次の四期に分けられます。

第一期（寛政六年五〜六月）は、「控櫓三座《ひかえやぐらさんざ》」の興行に合わせた役者絵で、大判の錦絵のみで二八点ありました。

第二期（寛政六年七〜十月）も、同じく三座の興行に合わせた役者絵で、大判の錦絵（多色刷の浮世絵）八点に加え、細判の錦絵が三十点あり、計三八点でした。

第三期（寛政六年十一〜閏十一月）も、同じく三座の興行に合わせた役者絵で、間判《あいばん》の錦絵が十一点と細判の錦絵が四七点。その他に、役者追善絵《ついぜんえ》（亡くなった役者の姿絵）が二点と相撲絵四点の計六四点です。ものすごく量産していますね。ちなみに閏月とは、当時の旧暦（太陰暦）の一年が三五四日だったので、約三年に一度、年十三ヵ月にして調整したものです。また、「大判・細判・間判」は、紙の大きさを指します。大奉書と呼ばれる五四センチ×三九センチの和紙の半分を縦にしたものが「大判（三九センチ×二七センチ）」です。それに対し、小奉書と呼ばれる四七センチ×三三センチの和紙から取られ縦にしたものが「細判（三三センチ×約十五センチ）」や「間判（三三センチ×約二三センチ）」です。相撲は、歌舞伎と並ぶ庶民の娯楽で、興行に合わせ浮世絵にも力士がよく描かれましたが、写楽は当時話題だった六歳の少年力士・大童山文五郎《だいどうざんぶんごろう》くらいしか描きませんでした。

第四期（寛政七年一月）は、三座のうち河原崎座を除いた都座・桐座の興行に合わせた役者絵で、細判の錦絵が十点ありました。その他に、相撲絵が二点と武者絵が二点あり、計十五点を出した後、スッと消えてしまいました。

武者絵とは、歴史物語の英雄・豪傑を描いた絵ですが、合計で二点しか描いていません。写楽は、風景画・美人画・春画は描かない、ほぼ役者絵専門の浮世絵師でした。基本的に多色刷の錦絵ですが、少数ながら扇絵などの肉筆画も存在します。

デビュー時の大胆な大首絵

歌舞伎の興行に合わせて発売される役者絵は、絵師一人につき一回の興行で数点発売するのがせいぜいでしたが、東洲斎写楽はいきなり大判の錦絵二八点を発売し、デビューしました。しかも、それらは全て独特の大首絵でした。

大首絵とは、役者絵・相撲絵・武者絵や美人画を描く際に、上半身のみの絵に大きく顔を描いたものです。蔦屋重三郎も懇意にしていた「勝川派」の祖・勝川春章らが先駆とされ、当時、喜多川歌麿も美人大首絵を得意とし、評判となっていました。

しかし、写楽の大首絵は変わっています。例えば歌麿の美人画『高名美人六家撰・

難波屋《なにわや》おきた』は、背景に白雲母摺《しろきらずり》や紅雲母摺《べにきらずり》の淡い色調を使っているのに対し、写楽の役者絵「三代目瀬川菊之丞《きくのじょう》の田辺文三妻《たなべぶんぞうのつま》おしづ」は、黒雲母摺の暗い色調を使っています。また、歌麿が描くおきたは、細面で目が切れ上がり、柔らかな表情を見せます。それに対し、写楽の描く女形・菊之丞は、美人画というより実際の顔に近いです。それどころか、欠点を強調しているようにも見えます。

そして、写楽の『二代目瀬川富三郎《とみさぶろう》と大岸蔵人妻《おおぎしくらんどのつま》やどり木と中村万世《まんよ》の腰元若草《こしもとわかくさ》』もずいぶん変わった美人画です。二人の女性が窮屈そうに一枚の絵に収まっているのですが、視線の向きがバラバラで、それぞれ何か言いたげな顔をしているのです。誰かいる？　何か言いたい？　と「絵からはみ出した何かを感じさせる」ところに写楽の絵の特色があります。

写楽のデビュー時、第一期の代表的な役者絵「三代目**大谷鬼次《おおたにおにじ》の奴江戸兵衛《やっこ》**」「五代目**市川鰕蔵《えびぞう》の竹村定之進《さだのしん》**」にしても、個性を強調しすぎ、リアルを通り越した、ただならぬ気配を感じる大首絵です。前述したように、役者絵はそもそもポスターやブロマイドですから、綺麗にデフォルメするならわかるのですが……。

当時、江戸の一般大衆に驚かれはしましたが、歌舞伎関係者や歌舞伎ファンからの評判は芳《かんば》しくなく、第二期以降の作風は変化していきます。

画風の変化と限界

一七九四（寛政六）年五月、大判の錦絵二八点、すべて役者絵かつ上半身のみ描く大首絵で華々しくデビューした二ヵ月後、七月〜十月の「第二期」になると、東洲斎写楽の絵は大きく変化します。構図の多くが大首絵から全身像となり、判型《はんけい》も大判八点に加え、細判三十点が登場しました。これらの発売にあたり、版元の蔦屋重三郎は、「これより二番目新版似絵を御覧下さい」という意味の口上を付けています。「第一期」は話題にはなっても評判が良くなかったので、巻き返しを図ったのでしょう。

「谷村虎蔵《とらぞう》の片岡幸左衛門《さちざえもん》」を見ると、両手の指を大きく開いたり両目を剥き出しにしているところは「第一期」と変わりませんが、全身像となり相対的に顔が小さくなったからか、パッと見の迫力は随分弱くなっています。また、「三代目市川八百蔵《やおぞう》の不破《ふわ》の伴左衛門重勝《ばんざえもんしげかつ》」を見ると、背景が黒雲母摺ではなく、明るい色合いになり、衣装も艶やかです。これは通常の役者絵に近い特色ですね。

また、一枚の大判に二人の役者を描いたり、細判に一人ずつ描くシリーズ的な作品が多くなったのも「第二期」の特徴です。

続く十一月〜閏十一月の「第三期」は、秋興行に合わせて作られた役者絵五八点と役者追善絵が二点あります。さらに相撲絵が四点あります。

画風はこれまでとは完全に変わり、人物の背景に舞台の様子などが細かく描かれ、いかにも芝居のポスター風になります。「三代目沢村宗十郎《そうじゅうろう》の孔雀三郎《くじゃくさぶろう》なり平《ひら》」は特に凝った作品で、「第一期」との大きな違いに驚きます。また、小道具を精緻《せいち》に描くのも「第三期」の特色で、例えば「三代目沢村宗十郎の大伴黒主《おおとものくろぬし》」を見ると薪を背負っていますが、その束に桜の花が華やいでいます。

最後の「第四期」は、一七九五（寛政七）年の年明け興行に合わせ、一月に発売されました。この時、役者絵は細判の錦絵十点ですが、人物の個性より舞台そのものの様子がより細かく描かれるようになっています。

例えば「三代目沢村宗十郎の千島《ちしま》の家中《かちゅう》薩摩源五兵衛《げんごべえ》」は、背景や衣装に重点が置かれ、役者の表情や動きが強調されていません。三点の相撲絵や二点の武者絵もそれほど迫力のあるものではなく、浮世絵師としての創作力の衰え、ザックリ言えばネタ切れを隠せません。このままダラダラ売り出すよりは、引退させたほうがいいと、蔦重は考えたのかもしれませんね。写楽の登場により、看板絵師の歌麿にプレッシャーをかけることはできたわけですし、お役御免というか……。

以上のような経緯もあり、現在でも、写楽といえば「第一期」の役者絵の大首絵、というイメージが固定されています。

なお、写楽の作品はすべて蔦屋の「耕書堂」から売り出されたもので、絵の隅には蔦の葉と山をあしらった蔦屋の版元印が押されています。

蔦屋の版元印と耕書堂

富士山と「蔦屋」の蔦の葉が描かれている。版元印は屋号などを意匠化したもの。例えば「鶴屋」なら鶴。

教科書などにもよく掲載されている、葛飾北斎『画本東都遊』に描かれた二代目蔦重の「耕書堂」。店の暖簾に店名と版元印、店先の行灯に「通油町　紅絵問屋　蔦屋重三郎」とある。

（出典：国立国会図書館）

写楽は世界三大肖像画家？

東洲斎写楽を売り出した蔦屋重三郎が亡くなってから七十年が経った、幕末の一八六七（慶応三）年。フランスで開催されたパリ万国博覧会で、浮世絵が他の日本の産物とともに展示されました。開国後しばらくして日本の多色刷浮世絵版画＝錦絵はヨーロッパで知られるようになり、画商により販売される商品と化していました。また、日本から輸出する陶磁器の梱包材《こんぽうざい》として、丈夫な和紙に刷られた浮世絵が大量に海を渡った、とも言われます。

錦絵の祖である鈴木春信や、大首絵の名手である喜多川歌麿や東洲斎写楽、次世代の風景画の名手である葛飾北斎や歌川広重の絵を見たヨーロッパの画家たちは、西洋画にはない構図や色彩に興味を持ち、ドガ、モネ、ゴーギャン、ロートレックなどが浮世絵の場面や構図を自らの作品に取り入れるようになりました。これがフランス語で「**ジャポニスム**」と呼ばれる芸術運動です。

そのような流れができていた中、二十世紀に入ると、ドイツの考古学・美術研究家のユリウス＝クルトが『Utamaro』（一九〇七年）、『Harunobu』『SHARAKU』（一九一〇年）という、歌麿・春信・写楽を扱った三冊の本を刊行しました。

クルトは『SHARAKU』の中で、写楽をオランダのレンブラント（一六〇六〜六九年）、スペインのベラスケス（一五九九〜一六六〇年）と並ぶ「世界三大肖像画家」と称賛したそうです。しかし、『SHARAKU』の邦訳『写楽 SHARAKU』（定村忠士・蒲生順二郎訳／アダチ版画研究所、一九九四年）には、そのような記述はありません。にもかかわらず同書の解説には、「クルトの本の意義は写楽を世界に紹介し、写楽こそレンブラント、ベラスケスと並ぶ三大肖像画家の一人であると評価した点にある」と書かれており、しかし典拠は記されていません。

いつの間にかそういうことになっているようですが、そもそも写楽は「謎の絵師」。作品以外、あらゆることは闇の中なのです。

え？　写楽？　勘弁してくれよ、だいたい俺の話といえば写楽ばっかりでさ、これでも江戸一の地本問屋としていろんな仕事してきたんだぜ。もっと俺じたいにスポットライト当ててくれよ……。

「謎の絵師」ってことにしといたから、百年以上経ってもまだ話題になってんだ。いや別にそんなでもねえんだけどな。出オチみたいなもんで、そりゃあデビューした瞬間は話題になったさ。当の役者すら嫌がる、顔の特徴を強調しまくった大首絵だぜ。贔屓《ひいき》のファンは発狂寸前さ、怒りでな（笑）。

そんだけだよ。

歌麿が気合入ってねえっていうか、近頃はオレのこと舐めてんな、と思ったからちっとは空気入れてやろうと思ってさ。歌麿のほうが上だよ当然。死んだ後だから良くは知らねえけど、北斎だって凄かったんだろ？　勝負になんねえよ本職相手じゃ……おっと、これじゃあ正体バレちまうわな。わはは！

深読みコラム

江戸の大衆娯楽とは？

江戸時代には、歌舞伎・相撲・旅行（寺社詣《もうで》・物見遊山《ものみゆさん》・湯治《とうじ》・巡礼など）の他、寄席《よせ》（落語・講談など）や浄瑠璃、花見や花火見物など、多数の**大衆娯楽**がありました。

現代につながるこのような文化が生まれた背景は、約二六五年にわたり、戦乱のほとんどない泰平の時代が続いたことです。庶民の気持ちや生活に余裕ができ、精神的・肉体的に余暇が生まれたことも、娯楽の発展を後押ししました。これらの娯楽は、浮世絵の題材として、役者絵や相撲絵、風景画や名所図絵などに大いに描かれますが、それらは当時の風俗を知る格好の資料となっています。

東洲斎写楽の役者絵・相撲絵に見られる歌舞伎と相撲は、ともに江戸時代を代表する興行ですし、葛飾北斎の『富嶽三十六景』や歌川広重の『東海道五十三次』『江戸名所図会』は、旅人たちの心を沸き立たせる装置でもありました。

蔦屋重三郎の「耕書堂」などの地本問屋は、絵草子屋と呼ばれることも多いほど、浮世絵の出版・販売を戯作とともに二本柱にしていました。

人々は、なかなか見ることのできない贔屓の歌舞伎役者や人気力士、富士山や五街道、吉原の花魁や評判の町娘、各地の名所などの絵を見て妄想を膨らませ、現代に比べればそれでも圧倒的に少ない余暇を心待ちにしていたことでしょう。

第四章

時代背景

～「政治」「外交」「経済」「文化」～

「政治」面での時代背景

日本史は、「○○時代」といった細かい区分以外にも、原始→古代→中世→近世→近代→現代の六つに大きく区分されます。

「原始」は、世界史では先史と書かれますが、いずれにせよ「文字のない」時代です。本来、歴史学ではなく考古学の分野ですね。教科書の時代区分では、旧石器時代～縄文時代～弥生時代にあたります。

「古代」は、皇族（大王《おおきみ》家のち天皇家）と貴族（もとの中央豪族）の時代です。特に七〇一年の大宝律令《りつりょう》制定と「大宝」元号制定、翌年の遣唐使再派遣が「倭」という地域のヤマト政権から「日本」という国家の朝廷への脱皮の契機となりました。教科書の時代区分では、古墳時代（飛鳥時代を含む）～奈良時代～平安時代後期にあたります。

「中世」は、公家《くげ》と武家、すなわち公武《こうぶ》二元支配の時代です。皇族・貴族・寺社が公家勢力（皇族と有力貴族の子女が寺社に入ったため）、中央でも地位のある有力武士と地方武士が武家勢力と考え、（武家勢力が優位に立ってはいても）二つの勢力が同時並行しているということです。教科書の時代区分では、平安時代末期～鎌倉時代～室町時代にあたります。この間、平氏政権～鎌倉幕府～室町幕府といった武家を中心とする政権が続きました。ちなみに室町時代のラスト約一〇〇年間は戦国時代ともいいます。

「近世」は、武家による天下統一の時代です。中世末期の戦国時代に全ての勢力がフラットに戦い、織田信長・豊臣秀吉の統一を経て、結局は徳川家康が天下人《びと》となり江戸幕府を確立しました。教科書の時代区分では、安土桃山時代～江戸時代後期にあたります。

「近代」は、いわゆる〝脱亜入欧〟の時代です。列強と幕末に結ばされた不平等条約を、「富国強兵・殖産興業」をスローガンに国力を伸ばし日清・日露戦争に勝利したことで改正することに成功し、有色人種ながら日本は「名誉白人」化することになります。第一次世界大戦時に帝国主義化を進め過ぎたこともあり、第二次世界大戦で連合国から袋叩きにあい、敗戦し、国土は焦土となりました。教科書の時代区分では、幕末〜明治時代〜大正・昭和時代前期にあたります。

「現代」は、一九四五（昭和二十）年の敗戦後のことで、現在も続いています。途中、一九七三（昭和四八）年の高度経済成長後、一九八九（平成元）年の冷戦後、一九九一（平成三）年のバブル崩壊後、二〇一一（平成二三）年の震災後といった細かい区切りも経ています。教科書の時代区分では、昭和時代中・後期〜平成時代〜令和時代にあたります。

本書で扱っているのは、以上六期のうち「**近世**」の大半を占める**江戸時代**で、徳川氏の征夷大将軍が十五代存在します。

初代家康〜三代家光の治世が「武断政治」期です。日本の完成形としての幕藩体制と鎖国体制が確立されます。この二体制をつくり上げるため、〝徳川葵三代〟の将軍たちは、将軍独裁の下で武力により諸勢力を抑え込む弾圧的政治を行ったのです。

四代家綱〜七代家継の治世が「文治政治」期です。改易《かいえき》・転封《てんぽう》・減封を断行する武断政治で増えた牢人らによるクーデター未遂事件が連発したことで、幕府は武力に訴えず朱子学に基づく徳治主義により人々を教化する政治に転換します。これはじつは幕府滅亡までずっと続くのですが、通常「文治政治」期といえば四〜七代将軍の治世を指します。

八代吉宗〜十二代家慶の治世が「**幕政改革**」期です。財政が破綻《はたん》し、将軍本家も途絶えて危機に陥った幕府は、御三家（尾張・紀伊・水戸）の紀伊藩から新将軍を迎え、改革に乗り出しました。**蔦屋重三郎（一七五〇〜九七年）**が生きたのは、この時期のちょうど真ん中あたりになります。十三代家定〜十五代慶喜の治世が「幕末」期ですが、こちらは「近代」なのでとりあえず置いておき、ここでは蔦重が生きた十八世紀後半の話をしましょう。

徳川将軍家系図

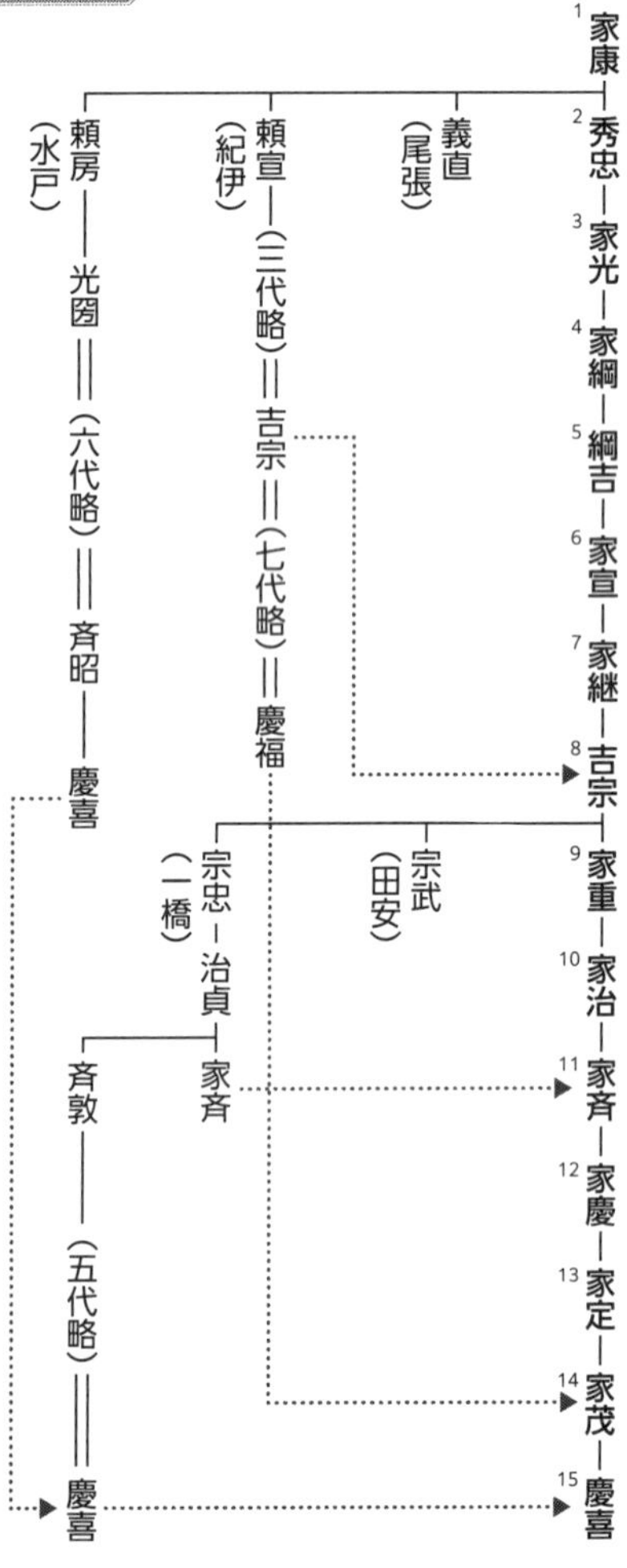

二代将軍秀忠の弟三人が尾張・紀伊・水戸の「御三家」。九代将軍家重の弟二人が田安・一橋、十代将軍家治の弟が清水の「御三卿」。

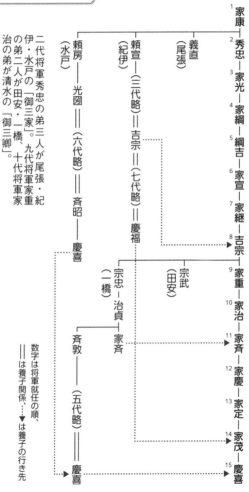

この頃は、幕政改革が二転三転する混乱期でした。一七四五（延享二）年、「享保の改革」に一定の成果を挙げ、幕府中興《ちゅうこう》の祖とされる八代将軍徳川吉宗（一六八四～一七五一年）は、将軍職を嫡男に譲り「大御所」となりました。九代将軍徳川家重（一七一二～六一年）は、生まれつき障害を抱え言語不明瞭でリーダーシップに欠けることもあり、実権は父の吉宗が握り続けます。六年後に吉宗が亡くなると、家重は側用人の大岡忠光《ただみつ》を全面的に頼りますが、新たな政策を打ち出すこともなく、幕政は停滞してしまいます。蔦重が生まれた一七五〇（寛延三）年は、このような時期でした。

一七六〇（宝暦十）年に就任した**十代将軍徳川家治《いえはる》**（一七三七～八六年）の下で、前将軍の小姓《こしょう》から側用人謙老中にまで出世したのが**田沼意次《おきつぐ》**（一七一九～八八年）です。**現実主義的**な改革を行ったその治世は「**田沼時代**」と呼ばれています。当時、農村からの年貢収入は減少し、幕府の財政は行き詰まっていました。意次はこれを打開するため、商業・都市重視の**緩い政策**を採ります。しかし、貨幣経済の発展に積極的に対応したことで、政界・官界（武士）と財界（商人・職人）の癒着《ゆちゃく》を生み、「武士の町人化」

を招き賄賂《わいろ》・縁故が横行してしまいます。そして目黒行人坂《ぎょうにんざか》の大火、天明の飢饉《ききん》、浅間山大噴火といった人災・天災が続いたことで経済も停滞し、幕府に対する人々の不満が高まりました。当時の世相を切り取った「浅間しや富士より高き米相場　火の降る江戸に砂の降るとは」という狂歌まで詠まれています。

そして、若年寄を務めていた嫡男の田沼意知《おきとも》が旗本の佐野政言《まさこと》に殺害された大不幸を「佐野世直し大明神」などと世間が喜ぶという異様な雰囲気の中、後ろ盾だった十代将軍家治が世継ぎのないまま一七八六（天明六）年に亡くなると、意次は失脚してしまいます。蔦重が吉原で起業して成功し、日本橋に進出して地本問屋として名を馳せていく過程はすべて、上記のような「田沼時代」のことだったのです。

一七八七（天明七）年、**十一代将軍徳川家斉《いえなり》**（一七七三〜一八四一年）が十四歳で御三卿（田安・一橋・清水）の一橋家から就任しました。そして田安家出身の白河藩主**松平定信**（一七五八〜一八二九年）が二九歳で老中首座のち将軍補佐も兼任します。定信は、幕府の権威を高め農村復興をはかる**理想主義的な「寛政の改革」**に着手しました。

幕政改革一覧

将軍	時期	内政	補佐
八代 吉宗	一七一六 ～四五年	「享保の改革」 ※将軍自らの改革	
九代 家重	十八世紀 半ば	宝暦期 ※改革の中断	側用人 大岡忠光
十代 家治	一七六七頃 ～八六年	「田沼時代」 ※現実主義的改革	側用人 老中田沼意次
十一代 家斉初期	一七八七 ～九三年	「寛政の改革」 ※理想主義的改革	老中 松平定信
十一代 家斉その後	一七九三 ～一八四一年	「大御所政治」 ※改革の放棄	
十二代 家慶初期	一八四一 ～四三年	「天保の改革」 ※絶対主義的改革	老中 水野忠邦

これら六期のうち、享保の改革・寛政の改革・天保の改革が「三大改革」。

農業・農村重視の**厳しい政策**は、文武両道を薦めて「田沼時代」に緩んでいた士風の引き締めには成功しますが、「世の中に蚊ほどうるさきものはなしぶんぶというて夜も寝られず」「白河の清きに魚の住みかねてもとの濁りの田沼恋しき」と狂歌に詠まれるほど江戸を中心に武士・町人の不評を集め、定信はわずか六年で失脚してしまいます。蔦重が恋川春町の黄表紙『鸚鵡返文武二道』や山東京伝の洒落本『仕懸文庫』の出版を幕府から咎められ、喜多川歌麿の美人大首絵を売り出したのは「寛政の改革」の最中になります。

一七九三（寛政五）年の定信の失脚後、政治意欲のない十一代将軍家斉が約五十年にわたり率先して**改革を放棄**し、のちに「**大御所政治**」と呼ばれるようになる治世となりますが、定信が登用した老中・若年寄の集団指導体制は崩れず、厳しさはそれなりに続きました。蔦重が東洲斎写楽の役者絵を売り出した後、番頭の勇助に身代を譲り四七歳で人生を終えた一七九七（寛政九）年は、まさにその頃になります。

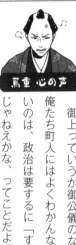

蔦重 心の声

御上《おかみ》っていうか御公儀《ごこうぎ》のなさる「政《まつりごと》」ってのは、「祭り」ばっか好きな俺たち町人にはよくわかんないけどさ。お武家さんたちにわかっててほしいのは、政治は要するに「すべてを生かすための優先順位を決めること」じゃねえかな、ってことだよ。

身分によって生まれた時から人生ってのは、あらかた決まってる世の中だ。俺は逆立ちしたってお奉行にはなれねえし、お奉行の家族だって百姓やるこたあ、ねえだろう。

あのな。俺は、父ちゃんか母ちゃんかどっちかわからねえけど、事情があって別れて、七歳で幸運にも吉原の喜多川さんに拾われた。そんなのたまたまなんだ。

ここでいろんなもんを見てきたよ。丁半博打《ちょうはんばくち》に負けた長屋の貧乏人の娘や、飢饉《ききん》で苦しい百姓の娘が売られてくるんだ。「年季明けまで、十年」と思い、細っこい身体張ってがんばってる。なんだかんだ大店《おおだな》の奥さんや坊主《ぼうず》の愛人になって上がるのもいりゃあ、途中で客から病気もらっておっ死んじまう奴だってたくさんいる。結局どうにもならなくて、ド真ん中のキラキラした妓楼の花魁から、端っこの汚ねえ河岸見世《かしみせ》や局見世《つぼね》の安い女郎、どころかそこらへんの夜鷹に落ちぶれる年増もいる。

将軍様や老中様がどんな改革やろうが構わねえ。それが本当に必要なら厳しい要求だって呑む。呑み切ってやるさ。百姓・町人はずっとそうやって生きてきた。

皆、お互い気合入れてやってこうぜ。どうやら俺が死んだ後は、改革を放棄してめちゃくちゃになったらしいが……、頼むぜ。あんたらお武家さんは、人の命預かってんだ。忘れんでくれ。

「外交」面での時代背景

「中世」の室町時代に始まった日明貿易・日朝貿易や中継貿易形式の琉球貿易に続き、室町時代末期〜江戸時代初期には、ポルトガル人・スペイン人による中継貿易形式の南蛮貿易が行われました。

「近世」に入ると、安土桃山時代に明・朝鮮と断絶状態だったこともあり、豊臣秀吉が始めて江戸幕府初代将軍徳川家康が承認した、東南アジア各地の日本町を拠点に出会貿易形式で行われる朱印船貿易もありました。

しかし、三代将軍家光の治世に「**鎖国体制**」が確立すると、日本人の渡航・帰国は禁止となり、独自の外交路線を貫くことになります。

「鎖国」という言葉は、実は十九世紀から使用された用語にすぎず、誤解も生んできました。確かに欧米から見れば〝鎖《とざ》した国〟かもしれませんが、幕府は「四つの口」を開き、意外と積極的に交流をしていたのです。

一つめの「長崎口」は、長崎奉行が置かれた幕府の直轄地で、出島のオランダ商館と郊外の唐人《とうじん》屋敷があり、オランダ・清の両国と交易を行っていますが、国交はありません。オランダ商館長（カピタン）は、東インド会社の本社があるインドネシアのバタビア（現在のジャカルタ）から来航すると、江戸に来府する風習がありました。二つめの「対馬《つしま》口」は、対馬藩の宗《そう》氏が朝鮮の李氏と交易を行っています。また、朝鮮から江戸へ将軍の代替わりごとに通信使が派遣されるなど、国交もある状態でした。三つめの「薩摩口」は、薩摩藩の島津氏が日中両属状態の琉球王国の尚《しょう》氏を支配しています。また、琉球から江戸へ将軍の代替わりごとに慶賀使、国王の代替わりごとに謝恩使が派遣されました。四つ目の「松前口」は、松前藩の松前氏が蝦夷地《えぞち》のアイヌと交易しつつ、事実上の支配状態にありました。

このような「鎖国体制」は、結果的に幕府の安定した支配体制の維持につながったのです。

蔦屋重三郎が活躍した十八世紀後半には、外交関係で大きな出来事がいくつかありました。

「田沼時代」では三つあります。一七七八（安永七）年、ロシア船が蝦夷地の厚岸《あっけし》に来航し、通商を要求します。これは翌年に松前藩が拒否しました。また一七八三（天明三）年には、仙台藩の医師・工藤平助が「ロシアと貿易をし、蝦夷地を開拓して富を増すべき」という意見の『赤蝦夷風説考《あかえぞふうせつこう》』を著します。これを読んだ老中・田沼意次は、一七八五（天明五）年、最上徳内を北方（蝦夷地・千島列島）に派遣し、アイヌとの交易の実態や新田開発・鉱山開発・ロシア貿易の可能性などを調査させました。

「寛政の改革」では二つあります。一七九一（寛政三）年、林子平が「幕府は長崎にのみ大砲を置いているが、なぜ江戸も防衛しようとしないのか」という意見の『海国兵談』を著します。翌年、老中・松平定信は、人心を惑わせたとして版木を没収し、

日本からみた外交秩序

※オランダ（西洋）から見れば「鎖国」。

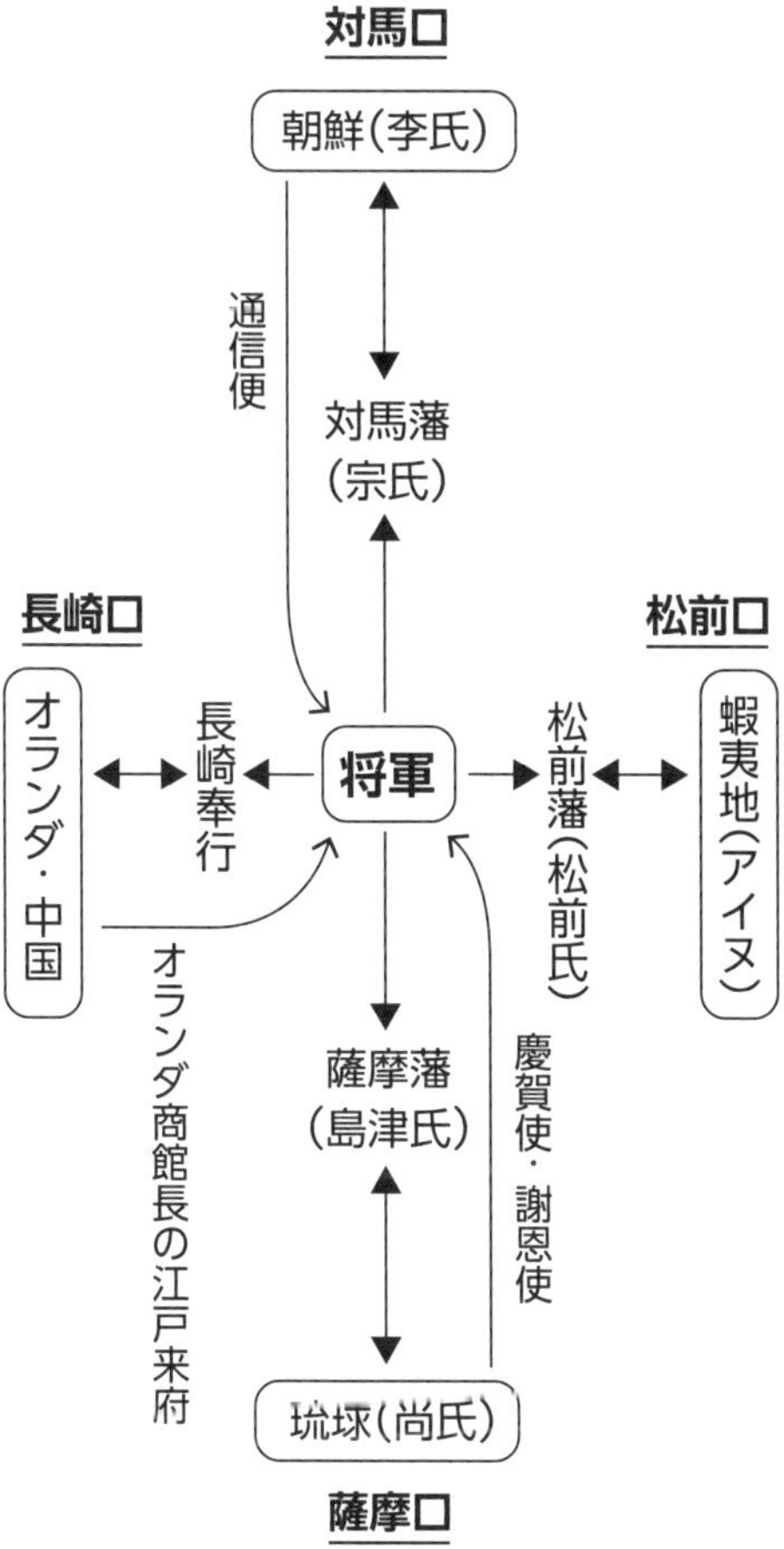

蟄居を命じました。同じ一七九二（寛政四）年には、ロシア皇帝エカチェリーナ二世の使節ラクスマンが蝦夷地の根室に来航し、漂流民大黒屋幸太夫《こうだゆう》を送還するとともに通商を要求します。幕府は通商要求を拒否しつつ、長崎への入港許可証（＝信牌《しんぱい》）は渡しました。そして、これを契機に伊豆国《いずのくに》・相模国《さがみのくに》の海岸巡視を開始、さらに江戸湾と蝦夷地の海防強化を諸藩に命じています。

蔦重 心の声

「鎖国」って言葉で令和のあんたらは教わってるらしいけど、「鎖《とざ》した国」とか大きなお世話だって！ よく考えてみなよ。長崎口で長崎奉行さまがオランダ・中国の商売人と交易してて、対馬口で対馬藩の殿さまを通じて朝鮮と交わってて（しかも将軍様の代替わりごとに通信使が来るんだぜ）、薩摩口で薩摩藩の殿さまを通じて琉球を支配してて（慶賀使と謝恩使も来るねえ）、松前口で松前藩の殿さまを通じて蝦夷地のアイヌと交易してるわけだ。どこが鎖してんだよ！

そんなもん、あくまでもオランダの東インド会社から見ての話だろうが。昔に比べりゃ全然いろんな国や地域とやり合ってるじゃねえか、ばかやろう。

いいんだよ、「将軍のお膝元」花のお江戸はこんなに栄えてて（どうやら世界で一等、人がいる街らしいじゃねえか）、上方の「千年の都」京都には天子さまがいらっしゃって、「天下の台所」大坂は元気な商人《あきんど》の街だ。駿府や名古屋や仙台だって大《てえ》した城下町のはずだぜ……。

江戸も上方も出版文化は花盛り（まあ、半分は俺の手柄だけどな、へへっ）。べつに「島国根性」もへったくれもねえや、十分この日の本は広いし、オマンマを食べさせてもらってる。俺は銀シャリ食いすぎて脚気《かっけ》で死んじまったけどな。

これでいい、これで十分。贅沢《ぜいたく》言っちゃあバチが当たるって！

「経済」面での時代背景

豊臣政権に続く徳川家による全国統一に伴い「**幕藩体制**」が確立、**江戸時代にはヒト・モノ・カネを結ぶ全国ネットワークが完成**します。

諸産業・交通・金融が発達し、三都（江戸・京都・大坂）を中心に、他の幕領や各藩の城下町を結ぶ**商品流通網が形成**され、参勤交代の制度化や旅の流行もあり、人々の交流も盛んでした。

農業・林業・漁業・製塩業などの**第一次産業**は、土地開発や技術の改良、専門書の登場により飛躍的に伸びました。

手工業・鉱業などの**第二次産業**も、生産形態が農村家内工業→問屋制家内工業→工場制手工業〔マニュファクチュア〕へと発展し、各地に現在も続く特産物・名産品を生み出しました。

交通については、「モノは水上」「ヒトは陸上」を移動することが基本です。
大量・安定輸送に適する海・湖沼・河川などの水上交通は、商品流通網の形成により発展しました。**西廻り航路**（蝦夷地・東北→大坂の北前船《きたまえぶね》）・**東廻り航路**（東北→江戸）・**南海路**（大坂→江戸の菱垣《ひがき》廻船・樽《たる》廻船）や、関西の淀川水運・関東の利根川水運は特に有名です。

陸上交通は、参勤交代の制度化や旅の流行により発展しました。江戸の日本橋を起点とする**五街道**（東海道・中山道・甲州街道・日光街道・奥州街道）や**脇街道**（北国街道・伊勢街道・中国街道など）は、幕府が直轄し、宿駅〔宿場〕が置かれました。

例えば、東海道の品川、中山道《なかせんどう》の**板橋**、甲州街道の**内藤新宿**、日光街道の**千住**は「**江戸四宿**」と呼ばれ、旅籠《はたご》の飯盛女や女郎も大勢おり、それぞれが深川のような岡場所（私娼街）として栄えました。

商業・金融業・サービス業などの**第三次産業**は、幕府・諸藩の年貢米換金の必要性、武士の都市生活、交通網の整備、幕府による統一的貨幣の鋳造といった要素を背景に

水上交通

西廻り航路は北海道・東北から「天下の台所」大坂へ。東廻り航路は東北から「将軍のお膝元」江戸へ。南海路は大坂から江戸へ。
江差
東廻り航路
酒田
西廻り航路
利根川水運
江戸
銚子
淀川水運
京都
下関
大坂
南海路

陸上交通網の発達

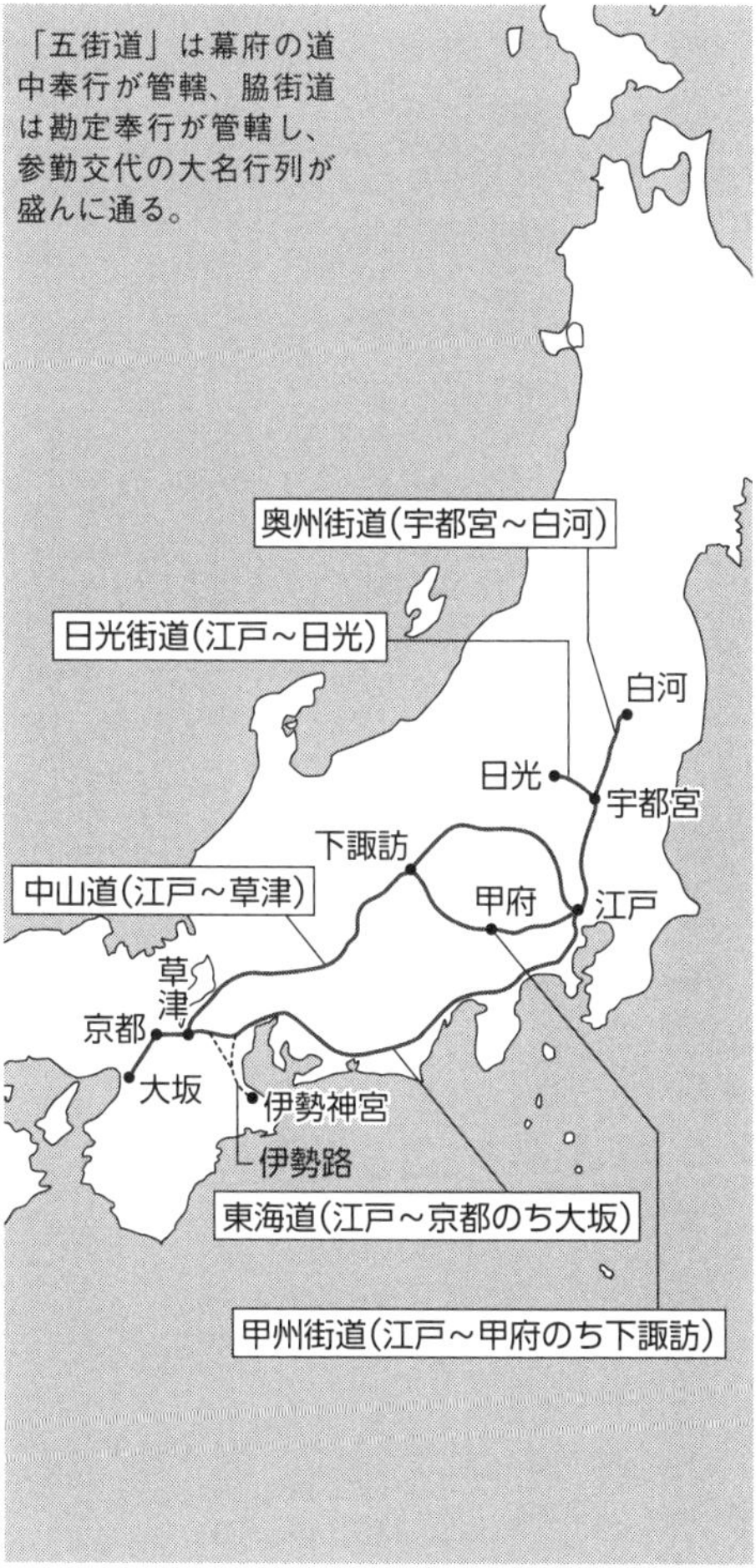
「五街道」は幕府の道中奉行が管轄、脇街道は勘定奉行が管轄し、参勤交代の大名行列が盛んに通る。
奥州街道(宇都宮～白河)
日光街道(江戸～日光)
白河
日光
宇都宮
下諏訪
中山道(江戸～草津)
甲府
江戸
草津
京都
大坂
伊勢神宮
伊勢路
東海道(江戸～京都のち大坂)
甲州街道(江戸～甲府のち下諏訪)

発展し、大量の蔵物《くらもの》（年貢米や各藩が専売する特産物）・納屋物《なやもの》（一般商品）が全国に流通しました。

そして、中世の「座」に代わり「**仲間**」と呼ばれる商工業者の同業者組合が結成され、幕府・諸藩が運上・冥加を徴収する代わりに公認する営業独占権＝**株**を有した「株仲間」も登場します。大坂の蔵元・掛屋・二十四組問屋や江戸の札差《ふださし》・十組問屋などが江戸時代中期以降に発達し、蔦重の関わった地本問屋・書物問屋も、開業するには「仲間」に入り株を入手する必要がありました。出版業は、当初は専門書などを扱う書物問屋を中心に上方（京都・大坂）で発展し、のち江戸で大衆書や浮世絵を扱う地本問屋が全盛を迎えます。**寺子屋教育の普及による庶民の高い識字率と貸本屋の発達**が、その背景にありました。

貨幣は、金・銀・銭の「三貨」以外に各藩の藩札《はんさつ》も流通し、経済の発展を支えました。江戸（東日本）では金貨が主流、上方（西日本）では銀貨が主流だったことから、三都や他の城下町では両替商〔本両替〕が活躍しました。

決してゼニのやり取りだけが人生じゃねえけど、少なくとも「世の中」はゼニだわな。ゼニ投げた分しか世の中回らねえ、動かねえ。

江戸と云やあ金と銭だけど、大坂は銀と銭なんだな。「江戸の金遣《づか》い」「大坂の銀遣い」っていう決まりがあるんで、両替商〔本両替〕たちが必要なんだ。江戸なら三井・三谷、大坂なら天王寺屋・平野屋・鴻池《こうのいけ》屋……、おっと、加島《かじま》屋も忘れちゃいけねえな。

年貢として納められた蔵物や、それ以外の納屋物は、「人は陸の上」「物は水の上」を動く基本に従って、西廻り航路・東廻り航路・南海路なんかで動いてる。琵琶湖みたいなでけえ湖や、利根川・淀川みたいなでけえ川、隅田川〔大川〕みたいな中くらいの川、日本橋川・高瀬川みたいな小せえ川、さらに縦横に張り巡《めぐ》らされた堀なんかも経て、河岸で積み降ろしされるんだよ。

ナニ？　令和の今は物は空の上も飛ぶって？　冗談言ってんじゃねえよ！　鳥じゃあるまいし（笑）。

「文化」面での時代背景

「近世」の大半を占める江戸時代の文化は、「寛永期の文化」「元禄文化」「宝暦・天明期の文化」「化政文化」「幕末の文化」の五期に分かれます。

ここでは、「近代」に属する「幕末の文化」を除く四つを説明します。

まずは蔦屋重三郎が生まれる前の二つです。

十七世紀前半から半ば、「武断政治」期の文化を、三代将軍徳川家光の治世の元号から「**寛永期の文化**」といい、**将軍家・大名〔藩主〕・皇族・貴族・京都の上層町衆が担い手**でした。社会の安定に伴い優雅で落ち着いた文化で、後に栄える町人文化の芽生えも見られました。

寛永期の文芸作品では、実用性・娯楽性に富んだ絵入り・仮名書きの「仮名草子」が出ました。これは室町時代後期に始まる絵入りおとぎ話「御伽《おとぎ》草子」の系譜を引いています。また、連歌の発句《ほっく》が五・七・五の俳諧として独立し、松永貞徳《ていとく》の貞門《ていもん》俳諧（京都）、西山宗因の談林俳諧（大坂）が流行しました。

絵画では、京都の町衆・俵屋宗達《そうたつ》の「風神雷神図屏風」、幕府御用絵師・狩野探幽《たんゆう》の「大徳寺方丈襖絵《ほうじょうふすまえ》」、探幽が破門した弟子・久隅守景《くすみもりかげ》「夕顔棚納涼図屏風」などの装飾画が盛んでした。

続く十七世紀末〜十八世紀前半、「文治政治」期の文化を、五代将軍徳川綱吉の治世の代表的元号から**「元禄文化」**といい、**上方（京都・大坂）の富裕な町人や武士が文化の担い手**でした。現世＝浮き世として肯定する風潮が一般に広まり、人間性の追求が始まったともいえます。そして、「文治政治」期だったことから、中国の学問である儒学（朱子学・陽明学・古学・折衷《せっちゅう》学・考証学）を中心に学問全般が重視されました。**紙の生産や印刷技術の発達、交通の整備による商品流通網の発展が、文学・美術・工芸・芸能の幅広い需要を下支え**するようになりました。また、「鎖国体制」が確立したことで外国の影響が弱まり、**日本独自の文化が成熟**しています。

元禄期の文芸作品では、「三大文学者」が活躍しました。享楽的な現世を生々しく描く大人向けの「**浮世草子**（好色物・町人物・武家物）」作家・井原西鶴《さいかく》、芸術的な蕉風《しょうふう》（正風）俳諧を確立し、俳諧紀行文でも有名な俳人・松尾芭蕉《ばしょう》、人形浄瑠璃・歌舞伎の世話物（心中物）・時代物で有名な脚本家・近松門左衛門です。**人形浄瑠璃**の近松作品は、語り＝竹本義太夫《ぎだゆう》、人形遣い＝辰松《たつまつ》八郎兵衛で、大坂の竹本座において空前の人気を誇りました。また、安土桃山時代の出雲阿国《いずものおくに》による阿国歌舞伎から女歌舞伎・若衆歌舞伎を経て成人男子の野郎歌舞伎へと発展してきた**歌舞伎**は、上方・江戸に常設の芝居小屋が置かれ広く普及します。上方では坂田藤十郎が恋愛劇の和事の名手、江戸では市川団十郎が超人的人間を演じる荒事の名手として活躍しました。

絵画では、停滞する幕府御用絵師の狩野派・住吉派、朝廷絵所預《えどころあずかり》の土佐派に対し、京都の尾形光琳の「琳派」が隆盛しました。それに対し、江戸では世態・風俗を描く大衆絵画の**浮世絵**が登場し、肉筆画『見返り美人図』で有名な**菱川師宣**《ひしかわもろのぶ》が、（墨一色や二色刷り）の**浮世絵版画を創始**しました。しかし、当時はまだ一枚絵が少なく、多くは絵本や挿絵本の形式でした。

いよいよ、蔦屋重三郎が活躍した十八世紀後半の文化です。

これは、九代将軍徳川家重と十代将軍徳川家治の治世の元号から**「宝暦・天明期の文化」**といい、その特徴を時系列順に追うと以下のようになります。

十八世紀前半に八代将軍徳川吉宗が行った「享保の改革」では、実学（＝実用的学問）奨励のため、従来の「漢訳洋書輸入の禁」を緩和、青木昆陽《こんよう》・野呂元丈《げんじょう》にオランダ語を学ばせ、洋学（蘭学）勃興の契機となっていました。

蔦重が生まれた九代将軍徳川家重の治世では、一七六五（明和二）年、**鈴木春信**が多色刷り浮世絵版画**「錦絵」を創始**しました。代表作は「弾琴美人」「ささやき」などです。

蔦重が起業して事業を拡大していった十代将軍徳川家治の治世でもある「田沼時代」には、士風の退廃から詩文・書画などに心を寄せる文人的武士が現れ、学問・芸術が多様な発展を遂げます。伊勢国松坂の国学者・本居宣長が『古事記伝』を書き始め、杉田玄白・前野良沢ら蘭学者が西洋医学書の翻訳本『解体新書』を完成させたりしています。また、世相を風刺した**狂歌・川柳**が流行しました。

十一代将軍徳川家斉の初期治世でもある「寛政の改革」では、「半官半民の聖堂学問所で朱子学以外の講義・研究を禁止する」という寛政異学の禁が発せられ、『海国兵談』で人心を惑わしたとして林子平が版木没収・蟄居《ちっきょ》となりました。さらに、強化された出版統制令により、恋川春町の**黄表紙**・山東京伝の**洒落本**が咎められ、版元の蔦重も財産の一部を没収されるなど、厳しい時代でした。

最後に、蔦重死後の十九世紀前半の文化です。

これは、十一代将軍家斉による「大御所政治」期の元号（文化・文政）から「**化政文化**」といいます。

上方と並ぶ経済の中心地に成長した**江戸の武士・町人が担う文化**で、内容は多種多様にわたります。当時の江戸では、美意識としての「粋《いき》」と行動原理としての「通《つう》」が重視され、「野暮《やぼ》」は徹底して避けられました。教育の普及と出版の隆盛に支えら

江戸時代の文化一覧

文化名	時期	中心
寛永期の文化	三代将軍家光前後	上方
元禄文化	五代将軍綱吉前後	上方
宝暦・天明期の文化	九、十代将軍家重家治	江戸
化政文化	十一代将軍家斉	江戸
幕末の文化	十四代将軍家茂前後	各地

近年の教科書では、「化政文化」から（蔦重の活躍した）十七世紀後半が「宝暦・天明期の文化」として分離した。

れ、都市と農村、三都と地方の文化交流も盛んで、各地の豪商・豪農を中心に文化の地方普及が著しく、日本文化史の頂点をなしました。文芸作品では、十返舎一九・式亭三馬の**滑稽本**、曲亭馬琴の（後期）**読本**、為永春水の**人情本**、柳亭種彦の**合巻**（数冊の黄表紙を綴じ合わせたもの）が話題となり、「戯作三昧《ざんまい》」状態となりました。浮世絵版画では、のちにヨーロッパの（後期）印象派に衝撃を与えた葛飾北斎・歌川広重らが活躍しました。

俺が生きた時代は、「宝暦・天明期の文化」って言うんだって？　どんな内容で書かれてんだよ？　おめえらが寺子屋だか塾だかで習ってる本、ちいと見せてくんねえか？

おお、どれどれ……山川出版社『詳説日本史』ってのか。なんだお前《めえ》、版元は耕書堂じゃねえのかよ（笑）。ウチだって地本屋だけじゃねえ、書本屋にも手ぇ広げたんだぜ。潰れちまったのか、くそったれ。だいたい日本史探求ってなんだよ。日本の歴史を探して求めるのかい？　ご苦労なこった。

分厚いな！　こんなんで売れんのか？　お、なんだこりゃ、これ版木の本じゃねえな、活字の本だ。綺麗だな、というか見事なもんだ。

さて、一九八頁、宝暦・天明期の文化……。

「十八世紀半ば、商品経済の発展により、富を蓄えた裕福な百姓や都市の町人、都市生活者となった武家の中から、学問や思想、芸術など、幅広い分野で文化の担い手が数多く現れた。」

そうそう、百姓も町人もお武家さんも、皆で盛り上げたんだよ。

「また、寺子屋などが各地につくられ、民衆の中にも識字層が大幅に増加し、読書をする人が全国に広がり、書籍や印刷物が多様に制作・出版され、ものや人々の移動とともに、様々な情報や文化が流通した。」

寺子屋、江戸にもすげえ増えたよ。おかげで「読み・書き・そろばん」のうち、少なくとも「読み」くらいはそこらへんの餓鬼《ガキ》でも大抵できるようにはなるわな。貸本屋がそこらじゅう回ってるから、黄表紙や狂歌絵本くらい、皆、読めるってこった。昔は上方が版元・卸売の中心だったけど、何を隠そうある人物が颯爽《さっそう》と現れて、この頃から江戸が対抗馬、いや、新たな中心になったんだよ。おう、そりゃあ誰だと思いねえ？

って、俺に決まってんじゃねえか！　この蔦重さまよ。そりゃあ凄かったんだぜ、蔦屋「耕書堂」ってのは。俺は四七で死んじまったけどさ、番頭の勇助が二代目蔦重になってくれて、いろんな戯作者や狂歌師、絵師と仕事続けたんだぜ……！　え？　何？　繁盛ぶりは知ってるって？　どこで？　え？　嘘だろうおい、二〇一頁？　右下の方を見ろって……、おい、これウチの店じゃねえか！　絵で乗っけてくれてんのか！　すげえな！

ナニナニ……耕書堂「蔦屋重三郎は本屋である耕書堂を経営し、恋川春町の黄表紙、山東京伝の洒落本などの作品や喜多川歌麿・東洲斎写楽の絵を刊行した。一七九一（寛政三）年、山東京伝の洒落本出版で財産の半分を没収された。」って、実際半分かどうかはわかんねえけど、まあ正しい書き方だな。

俺、吉原から日本橋に乗り込んでさ、恋川春町さんや京伝の作品では御上《おかみ》に叱られてさ、俺も京伝の洒落本の時は連坐よ。全然めげなかったけどな！　錦絵に切り替えたからな。歌麿もがんばってくれたし、写楽は……ええと、写楽ってのは誰ってことになってんの？　謎？　まあそうだろうな、そりゃあ……おっといけねえ。

でも嬉しいなあ。これ『画本東都遊《えほんあづまあそび》』？　俺、出した覚えねえってことは、二代目だな。ん？　葛飾北斎が描いたの？　おお、やっぱりアイツ、凄い奴だなあ。気合が違うからなあれは。命懸けてるもん。絵を描くことにさ。

俺さ、皆、好きだったよ。店の人間も先生方も、絵師もさ。もちろん妻も子……え？それも謎になってんのかい？　謎のまんま日本放送協会が大河やんの？　まあ何とでも決めてくれりゃいいや。何でもいいんだよ、俺は。何でも、な（笑）。皆、ちゃんと観てくれよ！

深読みコラム

印刷技術の普及

中世以前、書物といえば手書きの「写本」で、収蔵しているのは寺社などに限られていました。文字が読める上級身分の人々は、本を読むためにわざわざ寺社を訪れましたし、内容を記録するにはさらに書き写す必要がありました。

奈良時代の称徳天皇による『百万塔陀羅尼経《ひゃくまんとうだらにきょう》』は世界最古の印刷物として知られますが、室町時代末期～安土桃山時代のキリスト教の伝来と伝播は、人々に印刷物の重要性を認識させる良い機会となりました。十六世紀後半、布教のために来日したイエズス会宣教師ヴァリニャーノは、インド経由で持ち込んだ活字印刷機で「キリシタン版」を刊行していきます。しかし、豊臣秀吉のバテレン〔宣教師〕追放令や徳川家康の禁教政策により衰えてしまいます。

この動きとは別に、秀吉の朝鮮侵略の際に半島から金属活字がもたらされると、後陽成《ごようぜい》天皇が「慶長勅版《けいちょうちょくはん》」、さらに家康が「駿河版《するがばん》」を制作するなど、印刷物に関心が高まりました。しかし、このような**活版印刷**《かっぱん》の場合は写植に用いる平がな・片かな・漢字の活字を大量に作成する必要があり、かかる手間も費用も膨大だったのです。

そこで、より合理的な技術として注目されたのが**木版《もくはん》印刷**でした。これは、木の板の表面に文字や絵を刻んで版木を作り印刷する技術で、江戸時代、出版需要の高まりとともに爆発的に広まりました。

蔦重が生まれた十八世紀半ばには、供給〔サプライ〕側も印刷技術が普及し、需要〔ディマンド〕側も寺子屋教育の普及により読者が生まれていたのです。

終章

蔦屋重三郎は何者だったのか？

蔦屋重三郎を現代の〇〇に例えると……？

東洲斎写楽は「謎の絵師」でしたが、その作品は表舞台に出て、後世、欧米に名を轟かせるほど目立つ存在でした。教科書や資料集にも必ず掲載されている、日本文化史上のビッグスターの一人であることは間違いありません。

それに対し、あくまでも裏方だったのが蔦屋重三郎。二〇二五年のNHK大河ドラマの主人公に決まった時も、世間の反応は「誰？」「蔦屋ってあのツタヤ？」「よくわかんないけど横浜流星《りゅうせい》くん格好いい！」といったようなものでした。高校の教科書や資料集に名前は載っていても欄外のような扱いで、小学生や中学生はほぼ知りません。

この終章では、「ここまで読んできたけど、結局、蔦重っていったい何者？」「テレビを観た子どもに聞かれた時、どう言えば？」「看板を見たインバウンド＝外国人観光客の人々にどう説明すれば？」等という素朴な疑問に答えていきたいと思います。

本書での最終的な扱いは、江戸の「**メディア王**」です。このような書き方をすれば、アメリカのニューズ・コーポレーション創業者マードックみたいですね。ただ、鎖国体制下の日本で活躍した蔦重を世界規模で比較してもイマイチなので、現代の日本で考えてみましょう。蔦重を現代の○○に例えると……？

新聞・テレビに代表される国内有名メディアといえば、大まかに五つのグループがあります。読売新聞と日本テレビ、朝日新聞とテレビ朝日、毎日新聞とＴＢＳ、産経新聞とフジテレビ、日本経済新聞とテレビ東京ですね。ほかにブロック紙の中日新聞（関東では東京新聞）・西日本新聞・北海道新聞の系列もかなり力がありますが、とりあえず全国紙に絞りました。ただ、江戸時代に新聞はないですし、それに近い「号外」的な瓦版も蔦重には関係ないので、この新聞・テレビ系の話は少しズレますね。

蔦屋「耕書堂」は、戯作本や浮世絵といった大衆相手の出版物を刊行し、広告も掲載する地本問屋です。ということは、マンガ雑誌を軸とした総合出版社が近いでしょうか。『マガジン』『モーニング』の講談社、『サンデー』『ビッグコミック』の小学館、

『ジャンプ』の集英社か、はたまたKADOKAWAか。そこに問屋・取次のトーハンと日販、小売の紀伊國屋書店や丸善ジュンク堂、広告の電通・博報堂を足して……、おっとリクルートなんてピッタリかも、などと考えていると、おお、確かにTSUTAYA・蔦屋書店・Vカードなどを展開するCCC〔カルチュア・コンビニエンス・クラブ〕は、プラットフォーム事業・データマーケティング事業まで展開しており、ここに行きつくのか、と錯覚しそうになります。

じつは、蔦重の蔦屋と一九八三年に大阪府枚方市で創業されたTSUTAYA〔蔦屋〕は、直接的な関係はなく、創業者の祖父がもともと経営していた置屋の屋号を使っただけのようです。ただ、それはそれで吉原育ちの蔦重と似ているし、かつTSUTAYAが目指すところは江戸の蔦屋とよく似ているので、後付けでも影響を受けたのなら、それはそれでアリ、ということで……。まあそもそも蔦重が生きてたら「そんな細《こま》けぇこたぁ、どうだって！」「何に例えられようが、俺は俺だよ、違うかい？」と喝破《かっぱ》することでしょうね（笑）。

ということでこの件に関しては結論ナシです。

大衆文学・絵画の事業化に成功

日本における文学の発生は、奈良時代の和歌集『万葉集』や漢詩集『懐風藻《かいふうそう》』が有名ですが、物語といえば、平安時代の『竹取物語』『伊勢物語』や、それを受けた紫式部の『源氏物語』、また、初の随筆とされる清少納言の『枕草子』もありました。二〇二四年の大河ドラマ「光る君へ」はまさにこれが題材となっていました。ただし、これらのような古代文学は、皇族・貴族や寺社勢力、一部の上級武士たちにしか「読めない」ものでした。特別な教育を受けていなければ文字が読めない時代だったからです。

それに対し、説話集『今昔《こんじゃく》物語集』『宇治拾遺物語』、軍記物語『平家物語』『太平記』、鴨長明《かものちょうめい》の随筆『方丈記』や兼好《けんこう》法師の随筆『徒然草《つれづれぐさ》』、さらに室町時代中期～後期に絵入りの「御伽《おとぎ》草子」（浦島太郎・一寸法師等々）などが登場すると徐々に多くの人が語りを「聞ける」、写本を「読める」時代になっていきます。それが中世文学でした。

戦国・安土桃山時代を経て、寺子屋における「読み・書き・そろばん」教育が普及する江戸時代になると、大衆文学は一気に花開きます。三代将軍の寛永期に絵入りの「仮名草子」、五代将軍の元禄期に絵入りの「浮世草子」が出て、俳句・俳諧紀行文や人形浄瑠璃・歌舞伎の脚本も広く「読まれる」ようになりました。近世文学の始まりです。

その後も「**草双紙**（**赤本・黒本・青本**）」が隆盛し、九代・十代将軍の宝暦・天明期以降、十一代将軍の文化・文政期にかけて「**黄表紙**（やそれを数冊綴じ合わせた**合巻**）」「**洒落本**（やその後継となった**人情本**）」「**読本**」「**滑稽本**」「**狂歌**」「**川柳**」「狂詩」などが流行します。このような時期に活躍したのが蔦重や二代目蔦重（もと「耕書堂」番頭の勇助）だったのです。

一方、絵画は古代以来、仏教画を出発点に、中国を題材とした「唐絵《からえ》」や日本を題材とした「大和絵《やまとえ》」が描かれてきました。そして、中世に現れた「絵巻物」や「水墨画」を巻き込み、近世の「障壁画」や「装飾画」、さらに現世＝浮き世を描く大衆画「**浮世絵**」が登場したのです。浮世絵は、初めは単色もしくは二色刷の挿絵や一枚絵でしたが、宝暦・天明期以降、多色刷りの**錦絵**が大流行します（もちろん肉筆画もありましたが）。ここで活躍したのもまた、蔦重や二代目蔦重だったのです。

医師や学者が主君に献上するために書いた医学書・歴史書などの専門書や、後継者育成のために書かれた書物や教訓的な絵とは違い、**江戸時代中期〜後期の大衆文学・浮世絵の世界は、武士や町人出身の作者からすれば仕事というより趣味・余技の世界で、それを書く・描くことで報酬を貰おうとは考えていませんでした。**現代でいえば同人誌的な市場、コミケ的な界隈だったのです。それは、戦前に小説が白眼視《はくがんし》され、戦後に漫画・アニメが軽視されたように、戯作・狂歌や浮世絵は「大衆を中心とした気晴らし装置」のサブカルチャーと見られていたからです。しかし、発展を続ける江戸の貨幣経済の中で、版元〔＝製造〕、卸売・小売〔＝流通〕、貸本〔＝レンタル・リース〕に広告代理店的な立ち位置を加え、真っ当な事業としたのが初代蔦重だったのです。

蔦重は、「ゼロイチ（〇から一）」にするより、すでにあった仕組みをうまくアレンジすることで「イチヒャク（一から百）」にすることが得意な事業家でしたが、狂歌絵本や写楽の役者絵など、奇抜な視点で江戸を代表するトリックスター〔手品師〕となり、圧倒的な熱量でゲームチェンジャー〔革命的人物〕になったのです。

蔦重は、趣味の世界だった大衆文学や浮世絵を、出版・広告によって世に広げ、サブカルチャーの事業化、すなわちカルチャービジネス〔文化事業〕へと昇華させ、流通によって誰もがコンビニエンス〔便利〕に手に取れるようにした。ものすごい事業家だったのです。

蔦屋「耕書堂」グループは、版元の蔦重を中心に、作者・絵師・職人・商家奉公人が一つのクラブ〔団体〕として見事に機能していました。

あれ？　カルチュア・コンビニエンス・クラブ〔CCC〕って……、とまた錯覚しそうに（笑）。結果的にTSUTAYA・蔦屋はやはり蔦重にインスパイアされたというか蔦重へのオマージュに見えてしまいます。面白いものですね。

蔦重の何が凄いのか？

プロデューサーの蔦屋重三郎と文人・絵師・職人たちのネットワークが**一つのチーム**となり、江戸時代中期〜後期の出版文化はさらなる発展を遂げました。

現代に負けないくらいトレンドに敏感で、多くの商品が生み出された当時の江戸。その成熟した文化をべらぼうな熱量でリードしたのは蔦重でした。吉原という公娼街で育った蔦重は、大門口で義兄の茶屋の軒を借りる形で起業。地の利を活かして『吉原細見』を独占していきます。初めて刊行した遊女評判記は、あえて一般には販売せず花魁から上客への贈り物にしてもらったり、すでに有名だったマルチクリエイター

・平賀源内に序文を付けてもらったりすることで、話題を集めています。

蔦重は、流行の最先端を走る吉原を拠点に、江戸のトレンドを察知し、キャッチーな作品を生み出せる武士出身のクリエイターたちに繋がり、深い関係を結んでいく能力に長けていました。朋誠堂喜三二・恋川春町・大田南畝（蜀山人）はその最たる存在でしょう。また、当時ブームとなっていた狂歌に浮世絵を組み合わせ「浮世絵本」という新ジャンルを創出して大成功。戯作者・狂歌師・浮世絵師と頻繁に交流し続け、そのネットワークから山東京伝・喜多川歌麿・東洲斎写楽など町人出身のヒットメーカーたちを、版元として育てていったのです。

蔦重の成功の秘訣は、彼の持つ先見の明だけでなく、オーダーに的確に応えてくれる作家・絵師・職人たちとの**チーム力**にありました。蔦屋グループは、「寛政の改革」による幕府の弾圧にもめげず、上方に代わり中心となりつつあった江戸の出版界の頂点に立ち続けます。蔦重と二代目蔦重の「耕書堂」が送り出した戯作・狂歌・浮世絵などの作品群は、今もなお各所で高い評価を受けています。

流行を掴むために、日ごろからアンテナを張り巡らせて世情を読み解く。そしてコンフォートゾーンだった吉原から激戦区の日本橋に果敢に進出した気概やチームメイトに対する誠実さが、ヒットにつながるアイデアを生み出し、実現へ導いたのです。

大衆の味方「蔦重」

最後に重要なことを書いておきます。

蔦屋重三郎は、「蔦重」という役を演じ切る人生でした。

彼が育った吉原は、そもそも嘘を含む色恋を売る場所です。買う側も、例えば僧侶なら医者に化けるために羽織を着ていったほどの虚実ない交《ま》ぜの空間。また、十七世紀半ばの明暦の大火後、江戸の中心部の元吉原からの郊外の新吉原に移転した際、従来の昼営業に加えて夜営業の許可が幕府から出ていました。新規移転の寂しい場所に昼営業だけでは、妓楼・女郎屋が成り立たなかったからです。吉原の表玄関たる大門は、先客万来の意味を込めて昼夜開けっ放しで、一年のうち休日は元日と旧盆の二日間のみでした。

両親の離縁という事情で、半ば捨て子のように七歳から引手茶屋の養子に出された蔦重は、吉原の遊女と同じように、虚像としての「蔦屋重三郎」を年間・昼夜問わずフル稼働で演じたのではないでしょうか？

彼は、現代風に言えば「**自己認識力**」と「**自己プロデュース力**」に長けていました。大して裕福でもない町人、しかもグレーゾーンの吉原出身。普通のことをしていたのでは、日の当たる場所で堂々と活躍できません。当時の吉原は江戸唯一の公娼街で、幕臣（旗本・御家人）や大名・藩士・武家奉公人、商家の主人から番頭・手代、裏長屋に暮らす庶民まで、あらゆる階層の男が通う、交差点のような場所でした。そこで（妓楼の主人や従業員を含め）すべての男に気に入られるだけの度胸と愛嬌をもって教養・人脈を得ることができれば、かえってチャンスです。さらに、遊郭内で主導権を握る遊女・妓楼の女将・遣手婆《ばば》から幼い禿《かむろ》まで、あらゆる女たちを惚れ惚れさせるような「粋人《すいじん》・通人《つうじん》」たる雰囲気を纏《まと》えばますます強いはず。出自は決して有利ではなかった蔦重が、立身出世のために採った手法は、吉原という地に集まった人々から、信頼を得ることだったのです。

さまざまな人が集う吉原を商圏としてスタートした蔦重は、その出自から、かえってあらゆる層に気に入られるチャンスに恵まれていたともいえます。

だからこそ、マニアックな『吉原細見』から脱皮し、地本問屋として浄瑠璃本・往来物・黄表紙・洒落本・狂歌本・狂歌絵本・浮世絵などの出版に手を広げ、激戦区の日本橋にも進出、幕府の弾圧を受けた後には書物問屋としても活動します。

これらの活動の際、本に掲載した有名戯作者・絵師たちによる作品や商店・商品の広告は、世の文人墨客《ぶんじんぼっかく》や大衆に「俺は何でもやるぜ」という蔦重の名を大いに広めてくれました。

さらに、参勤交代が行われていたことから、大名たちは江戸に一年・国元に一年ずつ暮らしていました。蔦重の評判は、江戸の藩邸（中心部の上《かみ》屋敷・近郊の中《なか》屋敷・郊外の下屋敷《しも》）において大名・藩士たちに共有されるとともに、全国へ広がる可能性もありました。武士たちは現代でいう良質なインフルエンサーの側面を持っていたのです。

江戸時代前期に出版業界の主導権を握っていた上方（京都・大坂）の版元たちにとっても、中期以降、経済の中心が江戸に移っていく中で、圧倒的な勢力を誇るようになった蔦屋「耕書堂」は、大きな脅威となりました。

緩い「田沼時代」を経た厳しい「寛政の改革」という幕政の変化を背景に、大衆にとって心理的な仮想敵でもある御上《おかみ》〔御公儀〕にあえて逆らい、確信犯的に処罰を受けたことも「**大衆の味方、蔦重**」を自己プロデュースする上で、結果的に正解でした。

また、一定の成功後、捨てられたも同然だった両親を呼び戻して養ったり、一時は離れることもあった喜多川歌麿を許したり、次世代の十返舎一九や曲亭馬琴の面倒を見たりしたことも、世間には好印象を与えたことでしょう。そして文人・絵師たちを豪快に接待し、自ら狂歌師として「連」に加わるなど、話題づくりにも事欠かない。

このような生き様を見せつけて築いた財産には恋々とせず、すっぱりと番頭の勇助にすべてを譲る死に方も含め、養子に出た後の「蔦重」という四十年にわたる一幕の芝居は、まさに千両役者を得たのです。いやもう、格好いいことこの上ない！

おいおいおい……！　もう出てくるつもりなかったんだけどさ、この終章、なげえ、長すぎるんだよ。こういうのはチャッチャッと終わるってのが江戸のやり方なんだ。この本の作者、蔦屋では採用しねえよ、たぶん(笑)。

でも……、ありがとよ。こんなに俺のこと、よく書いてくれて。実際は地味な仕事なんだよ、版元なんてさ。作者や絵師の方々、彫師や摺師といった職人さんたちありきでさ。いや、それどころか、読んでくれる人たちがいなけりゃ成り立たねえ。だいたい吉原育ちの町人が、日本橋に出て贅沢させてもらってる。感謝・感激ってとこさ。

天下の公共放送、大河ドラマの主人公に選ばれて一番驚いてるのは俺だよ。だって毎週日曜の夜八時、江戸時代なら宵《よい》五ツ〈戌《いの》ノ刻《こく》〉にデカデカと出ていい人間じゃねえって……。ん？　ちょっと待て。だいたいお前らなんで毎週休んでんだ？　盆と正月明けの年二回でいいだろう休日なんてよ。もっと働けよ！　働け！　以上！

おわりに

ＮＨＫの大河ドラマの主人公に蔦重が決まったというニュースを観た時、ちょうど吾峠呼世晴《ごとうげこよはる》先生の大ヒット漫画『鬼滅《きめつ》の刃《やいば》』遊廓編（集英社全二三巻中の八巻〜十一巻）を読んでいる最中でした。

読みながら「人間の根本欲求を丸抱えしている街」をデビュー作の少年漫画（しかもあの『少年ジャンプ』に連載！）の舞台設定に持って来るセンス×度胸＝気迫に圧倒されていたところだったので、「大河もか……！」と驚きました。

私は、「人々が寝て朝を迎えるまで」を仕事内容にする宿泊業に特別な思い入れがあり、講師と物書きを本職にしながら、過去、奥飛騨の温泉旅館に一年、新宿のシティホテルに四年の計五年間、勤務経験があります。不謹慎ですが、真夜中、あられもない姿でぐうぐう寝ているお客様たちは、我々従業員に「命を預けて」いるのです。すごい商売だな、と廊下の電球を換える脚立を担ぎながら、何度思ったかしれません。

蔦重が生まれ育った吉原は、現代のラブホテル街どころか、幕府が公認した売春街です。正月と旧盆の年二日しか大門は閉まらず、性欲・金銭欲・名誉欲などの欲望が渦巻く人間模様が昼夜問わず続くそんな場所を拠点に、小さな本屋から（当時人口世界一だった）江戸の「メディア王」へとのし上がっていく過程は、長らく精神的にも経済的にも停滞している現代の日本人に、さまざまな刺激を与えることでしょう。

その一端をお手伝いできればいいな、と、例のニュースを観た瞬間に思ったのですが、案の定、書籍の依頼が来ました。ありがたい……。おそらくコロナ騒ぎ以降、特に停滞していた自分も、蔦重のパワーに触れたかったのかもしれません。

実際、いろいろ調べて書いているうちに元気が出てきました。私は歴史の講師だからこそ済んでしまった事をいちいち気にするクセが抜けないのですが、まあ、いいや、全部呑み込んでやろう、と勇気づけられました。

蔦重にくらべれば人生のスタートに恵まれ、捕まって処罰されたわけでもなく、娘や息子だっている。彼の周囲の文人・絵師たちは確かに魅力的だけど、自分だって年長の尊敬する作家に指導され、同世代の講師に刺激を受け、過去三四年分の立派な教え子さんたちに囲まれてる。何の問題があるか、今からまたがんばればいい、と！

本書を仕上げながら、七歳で両親に捨てられた（と思ったはず）の丸山柯理＝蔦重は、根本に孤独感を抱えつつ、いろいろな人に気を遣い、経済力をつけるとともに周囲に人を集め、それでもずっと孤独で仕方なくて、でも明るくて格好いい「蔦屋重三郎」を演じ切って亡くなったように思えました。三三歳まで苦労して『吉原細見』を独占、吉原を出て、五街道の起点・日本の中心たる日本橋に店を構えた時、両親を呼び戻して暮らした、というエピソードこそが蔦重の根本のような気がします。ああ、そうだったんだな、と。

最後に。リベラル社の安永敏史さんには大変お世話になりました。蔦重の熱に打たれ、何度も書き直しばかりする私を待ち続け、辛抱強く完成に導いて頂きました。

そして読者の皆さま、貴重な時間を遣いお読み頂き、ありがとうございました。

二〇二四年九月　伊藤賀一

【蔦屋重三郎関連年表】

※年齢は現在と同じく満年齢表記とします。誕生日と出来事の月日の差で実際の年齢は変わりますが、西暦・元号ともに「その年齢を迎える年に」出来事があったとします。

西暦（元号）年	年齢	出来事
一七五〇（寛延三）年	〇歳	江戸の吉原で生まれる。
一七五七（宝暦七）年	七歳	両親が離縁し喜多川家に養子に出される。
一七六〇（宝暦十）年	十歳	徳川家治が十代将軍に就任。
一七六七（明和四）年	十七歳	田沼意次が側用人に就任。「田沼時代」始まる。
一七七二（安永元）年	二二歳	吉原大門口に書店を構える。 側用人田沼意次が老中を兼任。
一七七四（安永三）年	二四歳	遊女評判記『一目千本』を初出版。
一七七七（安永六）年	二七歳	浄瑠璃本の出版を開始。
一七八〇（安永九）年	三十歳	黄表紙・往来物の出版を開始。
一七八三（天明三）年	三三歳	『吉原細見』が蔦屋の独占出版となる。

		蔦唐丸の名で狂歌師としての活動を開始。
		蔦屋「耕書堂」が吉原から日本橋に移転。
一七八六（天明六）年	三六歳	十代将軍家治が亡くなり田沼意次が罷免される。
一七八七（天明七）年	三七歳	徳川家斉が十一代将軍に就任。
		松平定信が老中首座となり「寛政の改革」始まる。
一七八八（天明八）年	三八歳	朋誠堂喜三二の黄表紙『文武二道万石通』を出版。
一七八九（寛政元）年	三九歳	恋川春町の黄表紙『鸚鵡返文武二道』を出版。
一七九〇（寛政二）年	四十歳	幕府が出版統制令を強化。
一七九一（寛政三）年	四一歳	山東京伝の洒落本『仕懸文庫』などを出版し処罰される。
		喜多川歌麿の美人大首絵を売り出し始める。
一七九二（寛政四）年	四二歳	生母の津与が亡くなる。
一七九三（寛政五）年	四三歳	老中首座松平定信が罷免される。
		十一代将軍家斉の「大御所政治」始まる。
一七九四（寛政六）年	四四歳	東洲斎写楽の役者絵を売り出す。
一七九七（寛政九）年	四七歳	脚気により亡くなる。
		番頭の勇助が二代目蔦屋重三郎となる。

［地図］元吉原と新吉原

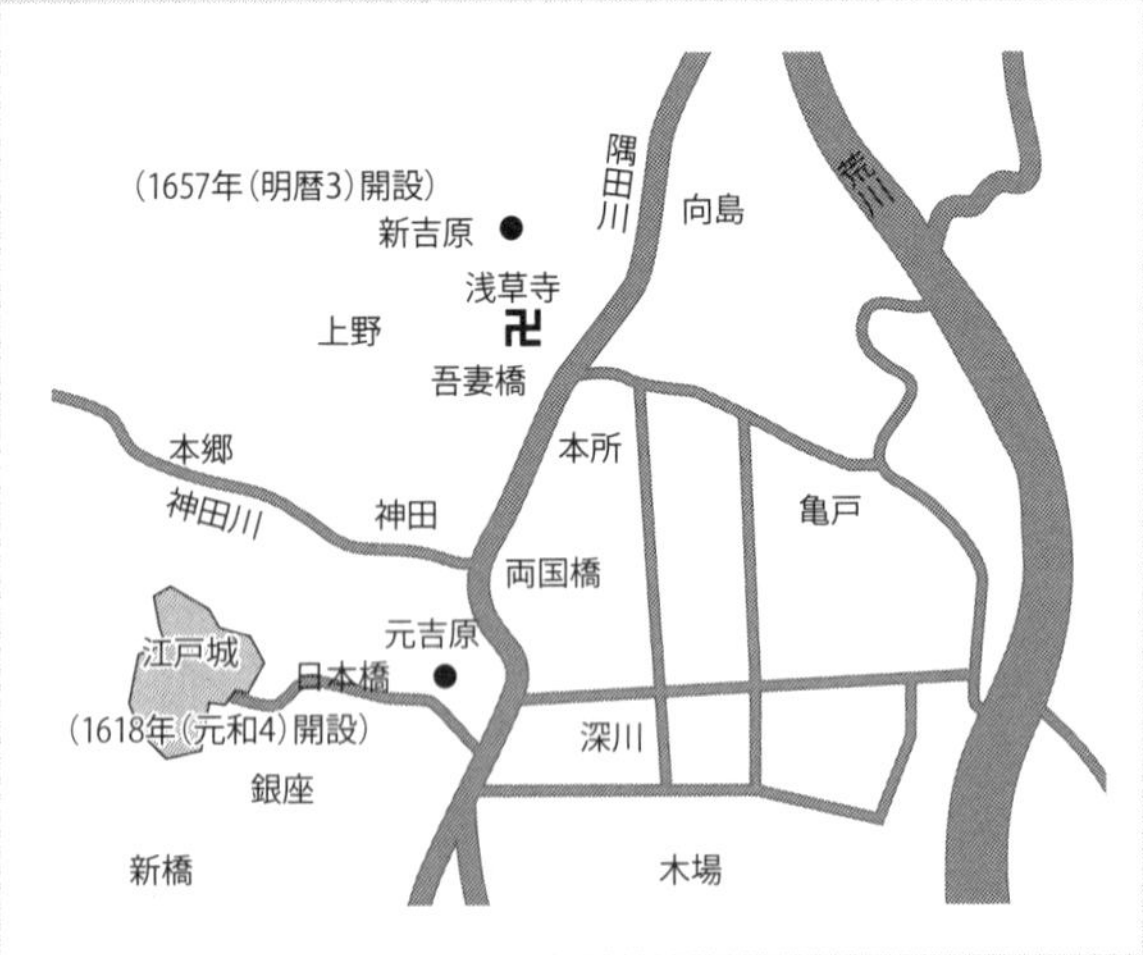

※地図中の■部分はすべて水路。

吉原は二代将軍徳川秀忠の頃、日本橋付近で開業。しかし江戸の中心部に遊廓があることを避けるため、四代将軍徳川家綱が郊外の浅草のさらに裏手に移転を命じた。

蔦重《べらぼう》Q&A 解答

Q一 ㋥ 江戸時代中～後期

Q三 ㋥ 商人

Q五 ㋥ 狂歌絵本

Q七 ㋺ 松平定信

Q九 ㋥ 曲亭馬琴

Q十一 ㋺ 四七歳

Q二 ㋑ 江戸吉原

Q四 ㋩ 出版人

Q六 ㋩ 大田南畝〈蜀山人〉

Q八 ㋩ 山東京伝

Q十 ㋺ 東洲斎写楽

「蔦重」をより楽しむためのキーワード集

家《いえ》

江戸時代、結婚は「家」重視だったため、当人同士の意思ではなく、「家長＝戸主」の意向が強く働いた。最も重要なことは「家格」が釣り合うかどうかで、見合い結婚であっても会う前にはほぼ決まっていた。また、人妻に男が横恋慕するのはご法度で、妻子持ちの男に女が懸想しても厳罰が待つ。だからこそ、吉原のような公娼街にも存在意義があったといえる。

浮世絵《うきよえ》

庶民的な風俗画。十七世紀末、「元禄文化」の菱川師宣（?～一六九四年）により確立され、肉筆画から版画に進み、十八世紀半ばには多色刷の錦絵も発明された。全盛期は十九世紀前半の「化政文化」。

浮世草子

「元禄文化」で登場した、現世肯定的な大人向けの絵入り小説。代表的な作家は井原西鶴で、好色物の『好色一代男』、武家物の『武道伝来記』『武家義理物語』、町人物の『日本永代蔵』『世間胸算用』などが有名。

駕籠《かご》

町人や農民が馬に乗ることは禁止されている

ので、路上を歩かずに進むには駕籠しかなかった。駕籠には流し稼業の「辻駕籠」と、通行量の多い場所に店を構えた「宿駕籠」があったが、金のない庶民が使うことは、余程の事情でもない限りあり得なかった。

貸本屋《かしほんや》

料金を取って本を貸す商人。本や浮世絵は高価であるため、元禄期（一六八八〜一七〇四年）から発生し、「化政文化」前期の一八〇八（文化五）年には江戸に六五六軒、一八一三（文化十）年には大坂に約三〇〇軒あったとされる。定期的に家・屋敷などを訪問するスタイルが基本。

仮名草子

江戸時代前期の「寛永期の文化」で登場した、平がな主体で書かれた絵入り小説。主に京都で出版され、対象は女性や子どもだった。

株仲間《かぶなかま》

幕府・諸藩から特権である株（株札）の交付を認められ、営業の独占権を与えられた商工業者の同業組合。競争の防止・利益保護などを目指す。「田沼時代」には運上・冥加という税・献金を目的に積極的に公認された。

髪形

現代風に言えば江戸時代の男性は丁髷《ちょんまげ》で、女性は日本髪。男性は、額から後頭部にかけて剃った部分が「月代《さかやき》」（ただし成人前なら前髪がある）。その左右の髪が「鬢《びん》」、後頭部の束ねた髪が「髷《まげ》」、束ねた髪に巻く髪が「元結《もとゆい》」、髷の根元が「髻《もとどり》」。

女性は、髪を五つに分けてそれぞれに形をつくり、立体的に構成する。額の前が「前髪」、頭頂部が「髷」、左右が「鬢」、そこから出すお洒落部分が「愛嬌毛」、後頭部のうなじの上が「髱《つと》」。髪だけでは形を保てないので、かもじを入れたりする。ちなみに子どもは二歳までは丸坊主。三歳で髪を生やし、五歳ごろまで男女の区別がない。

唐本屋《からほんや》

中国の書物である漢籍専門の本屋。日本の写本（専門書・医学書・歴史書など）を扱う書本問屋（書本屋）と大衆書・浮世絵を刷る地本問屋（地本屋）・絵草子屋に対する用語。

瓦版

江戸時代中期から明治時代初めまで刊行された、現代でいう新聞の号外的な表裏一枚の刷物。社会的事件や災害など様々な話題を報じた。販売者は街中で内容を読み上げながら売り歩いたので「読売《よみうり》」とも呼ばれる。

黄表紙と合巻

「宝暦・天明期の文化」で草双紙と呼ばれる絵入りの娯楽本が子供向けの赤本から大人向けの黒本・青本と発展していき、青本の表紙が萌黄色だったことから黄表紙と呼ばれるようになった。朋誠堂喜三二『文武二道万石通』や恋川春町『鸚鵡返文武二道』が老中首座松平定信の「寛政の改革」で問題視されて以降、内容が控えめになったが「化政文化」にかけて続いていった。数冊の黄表紙を綴じ合わせたものを合巻といい、幕府の旗本・柳亭種彦『偐紫田舎源氏』は戯作史上最大のベストセラーとなり、老中首座・水野忠邦の「天保の改革」で弾圧されるほどだった。

狂歌《きょうか》

和歌に言葉のもじりなどの滑稽味を取り入れた五七五七七の短歌。安永期（一七七二〜八一年）以降、江戸で流行したが、特に政治・世相を皮肉る天明期（一七八一〜八九年）がその最盛期。

狂歌本と狂歌絵本

狂歌をまとめた歌集で、天明の狂歌ブームで刊行が増えた。のち蔦重が絵と組み合わせて狂歌絵本という新ジャンルを切り拓いた。一七八九（寛政元）年に刊行された、朱楽菅江らの狂歌に喜多川歌麿の絵を付けた『潮干のつと』などが有名。

滑稽本

会話を通じた人物の言動の滑稽さを描いた絵入り小説。「化政文化」期に流行し、明るい笑いで合巻や人情本のように幕府の弾圧の対象にならなかった。十返舎一九『東海道中膝栗毛』、式亭三馬『浮世風呂』『浮世床』などが代表作。

参勤交代

大名が江戸と国元を一年交代で往復すること。大名の妻子は江戸住みを強制されていた。御三家の水戸藩や、幕府の重職に就任中の大名は江戸常府なので行わない。

三都

「将軍のお膝元」と呼ばれた幕府所在地で政治都市・消費都市の江戸（人口百万以上）、「千年の都」と呼ばれた朝廷所在地＝首都で文化都市の京都（人口三五〜四十万人）。「天下の台所」と呼ばれた商業都市の大坂（人口三五〜四十万人）。江戸には老中・若年寄、京都には京都所司代、大坂には大坂城代といった重職が置かれた。明治時代に「三都」は東京府・京都府・大阪府とされ、東京府は一九四三年に東京都となった。

洒落本

遊女と客の駆け引きなど、主に妓楼（遊廓）で起こる出来事を会話形式でまとめた絵入り読み物。野暮な客の実体なども描写されており、読めば吉原・深川などでの粋な遊び方を学べる実用書としての一面もあった。老中首座松平定信の「寛政の改革」で山東京伝『仕懸文庫』など三冊が問題になり、京伝と版元の蔦屋重三郎が処罰されると衰え、のちに人情本へと転化していった。通常の半紙の四分の一の判型で、コンニャクのような大きさだったことから「蒟蒻本」とも呼ばれた。

出版

版元の仕事は、おおむね「原稿依頼→清書→検閲→板彫り→校正→印刷→検閲→販売許可→注文取り」という過程をたどった。問屋仲間による二度の検閲がポイント。それでも町奉行所に咎められることもあった。

商家

十歳前後で住み込み・給与なしの丁稚（＝小僧）として入り、読み・書き・算盤を学びながら雑用に従事。年数を経て仕事を一通り覚えれば給与が出る手代になる。手代の組頭を経て、ある部門を任される番頭になれば、通い勤務や所帯を持ったりを許されるが、ここまで行くのは一握りで、普通は二十年以上かかる。筆頭番頭となり、主人の娘と結ばれて婿になったり、独立してのれん分けまで行く道もあるが、稀も稀。

商売

江戸時代の商人と顧客は信頼関係で結ばれている前提なので、取引はおおむね「盆暮勘定」すなわち支払いは年二度が普通だった。三井高利の越後屋の「現金掛け値なし」の売り文句は、即払いの代わりに安く販売しますよ、という意味。

相撲

『古事記』などの日本神話に登場する古代の相撲は厳粛な神事。中世は力比べの要素が強く、戦国期には武士の戦闘訓練の一環として広まった。庶民の娯楽となったのは近世の江戸時代。その始まりは、寺社の造営・修繕費用をまかなう名目で開催された「勧進相撲」という興行。神事でもあり女性は観覧すらできなかったが、歌舞伎と並ぶ人気を集めた。しかし、相撲は勝敗がつくことから客同士の喧嘩が絶えず、一時は禁止となった。しかし、無許可の「辻相撲」が流行し、治安が悪化したため幕府が再開を許可した。十八世紀後半からは本所の回向院（現在の墨田区両国二丁目）での開催が定着し、春・秋二場所の定期開催に落ち着いた。相撲の黄金期は寛政年間（一七八九～一八〇一年）の谷風・小野川の両横綱に雷電を加えた三大力士。

隅田川〔大川〕

春は花見、夏は納涼、秋は紅葉、冬は雪見ができる、四季折々の行楽地。また、当時の川は道路を凌ぐ交通網なので、隅田川は感覚的には大通りのようなものだった。江戸時代に架かっていた橋は、上流から吾妻橋・両国橋・新大橋・永代橋《えいたいばし》の「隅田四橋」のみ。

千部振舞《せんぶぶるまい》

当時の初版は二百～三百部が普通だったので、重版を重ねて千部になると版元の主人が奉公人や職人を連れて神社に詣で、売れ行きを祝った。その一連の所作を言う。

川柳《せんりゅう》

十八世紀中ごろに流行した「前句付《まえくづけ》」から発達した雑俳様式で、前句を省略し、五七五の付句だけが独立したもの。柄井川柳（一七一八～九〇年）が点者として選んだことからこの名称となった。表現に束縛はなく、世相の風刺・人情の機微を突く。

煙草

江戸時代は、女性を含む人口の九割ほどが喫煙者。当時は刻み煙草を煙管に詰めて吸う。持ち歩くための煙草入れにこだわる者も多かった。

大名

一万石以上の将軍直属の家臣。将軍家の親戚の「親藩」、関ヶ原の戦い以前から仕える「譜代」、関ヶ原の戦い前後から仕える「外様」に分類される。老中・若年寄・京都所司代・大坂城代・寺社奉行などの重職に就くのは譜代大名で、例外的に松平定信のような親藩大名もいる。

大名屋敷

江戸は七割が武家地、残りが寺社地と町人地で、武家地の大半が大名屋敷だった。大名屋敷は、江戸城そばの上屋敷（本邸）、隠居した大名や世継ぎの住まいである中屋敷（別邸）、災害時の避難場所にもなる郊外の下屋敷（保養所）に分かれる。その他、国元から運んだ分散を貯蔵・販売するための蔵屋敷や、予備の邸宅として百姓・町人から買い取った抱屋敷などもあった。

月見

江戸では旧暦七月二六日の夜に姿を現す阿弥陀如来と、脇侍《わきじ》の観音《かんのん》菩薩・勢至菩薩を拝めば幸運を掴めると言い伝えられてきた。そこで江戸っ子たちは、その日の夕方から神田明神や湯島天神の境内、九段坂上や愛宕山といった高台、芝・高輪や品川の海辺など見晴らしの良い場所に集まり、月の出を待った。これを「二十六夜待ち」というが、人出を当て込んだ屋台が多数出店し、人々は信仰心を横に置き、飲食をしつつ騒ぐようになった。

寺子屋〈手習所〉

江戸時代末期には全国で六万軒以上が存在し

ていた、初等教育機関。主に六〜十三歳くらいの少年少女に「読み・書き・そろばん（女子は裁縫《さいほう》）」を教え、朝五ツ（八時ごろ）〜昼八ツ（十四時ごろ）の間の昼九ツ（十二時ごろ）に昼食を取った。同じ部屋にはいても、集団授業ではなく個別指導的なものが多かった。授業料は、入学時の束脩（礼金）の他は、少額の月並銭（月謝）程度で済むが、各家庭の経済状況に合わせ、見捨てることはなかった。

富くじ

現代の宝くじのようなもの。寺社のお堂や社殿の修理費用の調達を目的としていたため、江戸のさまざまな寺社で行われた。特に谷《や》中《なか》感応《かんのう》寺《じ》・湯島天神・目黒不動は「江戸の三富」と呼ばれた。当選金額は各所で異なるが、最高は百両（約一千万円）、最低は十両（約百万円）の場合が多かった。富くじ一枚は一朱（約六千円）〜一分（約二万五千円）もしたが、一攫千金を狙いのめり込む者は多く、破産してしまう場合もあった。

日本橋

一六〇三（慶長八）年、日本橋川に架橋された、五街道の起点。ここを中心に荷を上げ下ろすための「河岸《かし》」がいくつも置かれ、周辺は各種問屋商人の商店で賑わい、江戸を代表する町人街となった。また、魚市場もあり活発に取引が行われていた。

人情本

庶民の生々しい恋愛を描いた小説。文政年間（一八一八〜三〇年）以降に江戸で女性読者中心に大流行した。十返舎一九『清談峯初花』を先駆に、為永春水『春色梅児誉美』などが話題となったが、老中首座水野忠邦の「天保の改革」で春水が処罰を受けると衰退していった。

花火

江戸の夏の風物詩。隅田川〈大川〉で花火が打ち上げられるようになったのは一七三三〈享保十八〉年から。前年の「享保の飢饉」やコレラで亡くなった人々の慰霊のため、八代将軍徳川吉宗が旧暦五月二八日の「川開き」に水神祭を催した時、余興として花火師の「鍵屋」が打ち上げたことが始まり。のち一八一〇〈文化七〉年、鍵屋の手代が独立して「玉屋」を興すと、上流を鍵屋、下流を玉屋が受け持つことになった。

花見

八代将軍徳川吉宗の「享保の改革」で、飛鳥山・隅田川〈大川〉の堤・御殿山などに桜が植えられ、庶民も花見を楽しめるようになった。ちなみに上野の寛永寺は将軍家の墓所があったため、遊興は禁止だった。

幕臣

一万石未満の将軍直属の家臣。将軍に謁見《えっけん》できる＝御目見得以上の「旗本」と、御目見得以下の「御家人」に分かれる。町奉行・勘定奉行・大番頭・大目付・目付・火付盗賊改など役所の長官に就任するのは旗本で、部下の同心は御家人。

平賀源内（一七二八〜八〇年）

蔦重の二二歳上の、讃岐国《さぬきのくに》（現在の香川県）高松藩士。本草学者・蘭学者・医者・発明家・鉱山開発者・戯作者・俳人・脚本家・洋画家などを兼ねるマルチな奇才。誤解から刃傷沙汰を起こし獄死している。

文人画《ぶんじんが》

本来の絵師ではない文人・学者が余技として描いた絵。明・清の南宗画《なんそうが》の影響を受け、「南《なん》画《が》」と呼ばれ十八世紀後半にさかんとなり、十九世紀前半に最盛期を迎える。水墨淡彩で枯淡清純な気品を重んじる傾向がある。

棒手振《ばてふり》

江戸時代に店舗を持っていたのは、卸売をする問屋商人で、小売業者は天秤棒を担ぐ行商人だった。時間帯や季節に応じたものを、長屋や武家屋敷・寺社などに売り歩いた。水売り・蚊帳売り・魚売り・野菜売り・豆腐売り・金魚売り・虫売りなど、あらゆる種類の商品を扱った。

町絵師《まちえし》

絵を描くことで生活する職業画人。幕府や藩の御用絵師のような身分保障がない。浮世絵師・円山派・文人画（南画）の画人など。

町奉行

（江戸）町奉行は、江戸の町と町人に関わる行政・司法・立法・警察・消防の全てを監督する旗本の役職で、任期は特にない。奉行所は二カ所にあり、俗に「南町奉行所」「北町奉行所」と呼ぶ。

江戸の町方を南北に二分して担当したのではなく、奉行が二人いて一カ月交代で「月番」「非番」を繰り返す勤務というだけ。ただし、月番時に受理した事件は継続して担当する。

三行半《みくだりはん》

不妊や舅・姑との不和などを理由に男性から一方的に出す三行半の離縁状で、再婚許可状でもあった。寺子屋で「読み・書き・算盤」を習っていても「書き」が苦手な者が庶民には多かったので、三本と半分の線が引いてあるだけでも効力を発揮した。男性が離縁に応じず女性がどうしても別れたければ、相模国《さがみのくに》（現在の神奈川県西部）の東慶寺、上野国《こうずけのくに》（現在の群馬県）の満徳寺といった「縁切寺〔駆込寺〕」に逃げ込み、一定期間を過ごせば離縁が成立した。

見世物《みせもの》

ゾウやラクダといった珍獣、玉乗り・刃渡り・手妻〔手品〕など、多岐にわたる娯楽。人出の多い盛り場に見世物小屋が設置された。

名所図絵

江戸時代後期に登場した、各地の名所旧跡や景勝地などを紹介する文章つきの風景画。

紅葉《もみじ》狩り

教養のある文人墨客を中心とする秋の行楽として有名。向島の秋葉大権現や品川の海晏寺などが紅葉の名所とされた。しかし、向島や品川には岡場所〔私娼街〕があったので、実際は……といったところ。

屋台

大名の参勤交代による江戸暮らしの関係もあり、独身男性人口が多かった江戸では、外食産業が発達した。高級料亭の料理茶屋、定食と酒を提供する一膳飯屋の他、人気を集めたのが屋台だった。家庭料理の煮売り屋から蕎麦・寿司・天ぷら・団子など、各町内に数軒はあり、人々は気軽に利用していた。

湯屋〔銭湯〕

髪結床と並ぶ男の社交場。武家屋敷と違い町屋や商家が風呂をもつことはかなり珍しく、旅籠（＝旅館）ですら客を湯屋に行かせた。これは井戸を掘ることや薪を準備するのに大金がかかることと、火災の懸念があったから。「寛政の改革」までは混浴だったが、老中首座・松平定信が禁じ、かなり不評だった。二階建てとなっており、男湯の二階が常連客の社交場だった。

吉原細見《よしわらさいけん》

通常年二回（春・秋）の定期刊行物。妓楼〔遊廓〕や遊女の名前と格付け、引手茶屋の紹介、それぞれの価格、行事や名物などの最新情報が詳細に記された、吉原ガイド本。

寄席《よせ》

落語・講談・手妻〔手品〕・軽業などを見せる施設。「宝暦・天明期の文化」期は湯屋〔銭湯〕や料理茶屋の二階などを使用したが、「化政文化」期には専用小屋が建てられるようになった。歌舞伎や見世物は幕府の規制により夜興行を行うことが禁じられていたが寄席は許可されており、仕事終わりの江戸っ子たちに人気だった。

読本《よみほん》

口語体で書かれた中国の白話小説の影響を受けた長編小説で、上方（京都・大坂）の上田秋成『雨月物語』（前期読本・怪異小説）、江戸の曲亭馬琴の『南総里見八犬伝』『椿説弓張月』（後期読本・勧善懲悪小説）が代表作。前期の「宝暦・天明期の文化」時には他の戯作本に比べ活字中心で構成されたことから読本と呼ばれたが、後期の「化政文化」時には、挿絵もかなり重要な要素となった。荒唐無稽なホラーやファンタジーということもあり、黄表紙や合巻、洒落本や人情本のように幕府の弾圧の対象にはならなかった。

主要参考文献

『大江戸ものしり図鑑』
花咲一男監修（主婦と生活社）

『江戸時代 テーマ別だから政治も文化もつかめる』
伊藤賀一監修（朝日新聞出版）

『江戸の出版統制』
佐藤至子 著（吉川弘文館）

『これ１冊でわかる！蔦屋重三郎と江戸文化』
伊藤賀一 著（Gakken）

『詳説日本史研究』
佐藤信・五味文彦・高埜利彦・鳥海靖 編（山川出版社）

『図解！江戸時代』
「歴史ミステリー」倶楽部著（三笠書房）

『日本史用語集』
全国歴史教育研究協議会 編（山川出版社）

『歴史人2023年12月号増刊 蔦屋重三郎とは何者なのか？』
（ABCアーク）

[著者プロフィール]

伊藤賀一（いとう・がいち）

1972年、京都市生まれ。法政大学文学部史学科卒業後、早稲田大学教育学部生涯教育学専修卒業。東進ハイスクール・秀英予備校講師などを経て、現在はリクルートのオンライン予備校「スタディサプリ」で高校日本史・歴史総合・倫理・政治経済・現代社会・公共と中学地理・歴史・公民の9科目を担当する「日本一生徒数が多い社会科講師」として有名。著書『三河物語』（リベラル社）、『アイム総理』（KADOKAWA）、『これ1冊でわかる！蔦屋重三郎と江戸文化』（Gakken）、『いっきに学び直す　教養としての西洋哲学・思想』（朝日新聞出版、佐藤優氏との共著）など多数。

装丁デザイン　蓑島亜由美（オオマエデザイン）
装丁イラスト　蓑島亜由美（オオマエデザイン）
本文デザイン　尾本卓弥（リベラル社）
DTP　メディアネット
図版　ほしのちなみ
校正　合田真子
編集人　安永敏史（リベラル社）
営業　津村卓（リベラル社）
広報マネジメント　伊藤光恵（リベラル社）
制作・営業コーディネーター　仲野進（リベラル社）

編集部　中村彩・木田秀和
営業部　澤順二・津田滋春・廣田修・青木ちはる・竹本健志・持丸孝

リベラル新書 009

面白すぎて誰かに話したくなる　蔦屋重三郎

2024年10月29日　初版発行

著　者　伊藤　賀一
発行者　隅田　直樹
発行所　株式会社 リベラル社
〒460-0008　名古屋市中区栄3-7-9　新鏡栄ビル8F
TEL 052-261-9101　FAX 052-261-9134
https://liberalsya.com
発　売　株式会社 星雲社（共同出版社・流通責任出版社）
〒112-0005　東京都文京区水道1-3-30
TEL 03-3868-3275
印刷・製本所　中央精版印刷株式会社

 ISBN978-4-434-34577-7　C0221

リベラル新書の好評既刊

定価：900円＋税

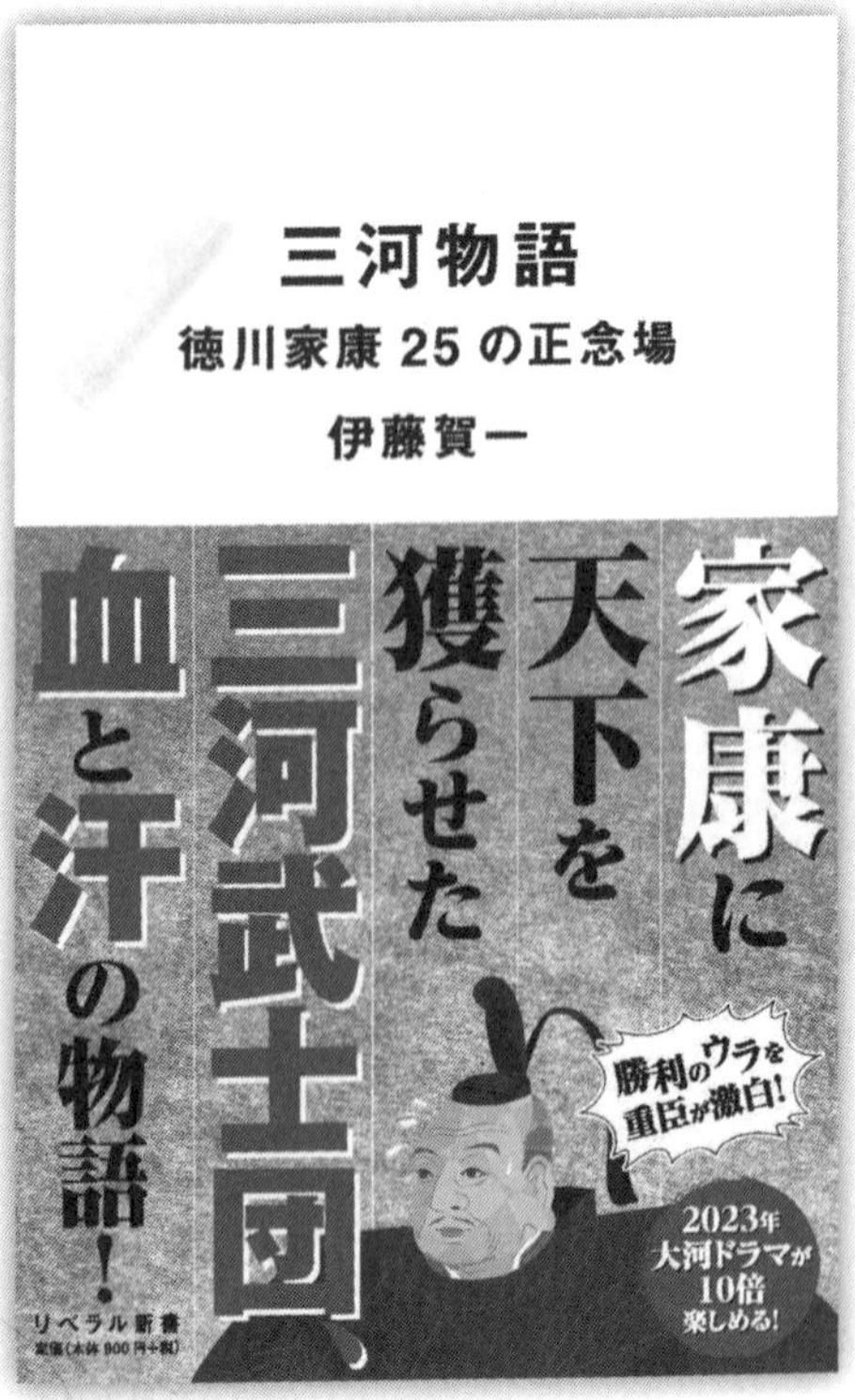

| リベラル新書003 |

三河物語　徳川家康25の正念場

著者：伊藤賀一

家康研究の一級史料でたどる名場面と生涯。そこに語られる天下人・家康の生涯は、試練とピンチの連続だった…！

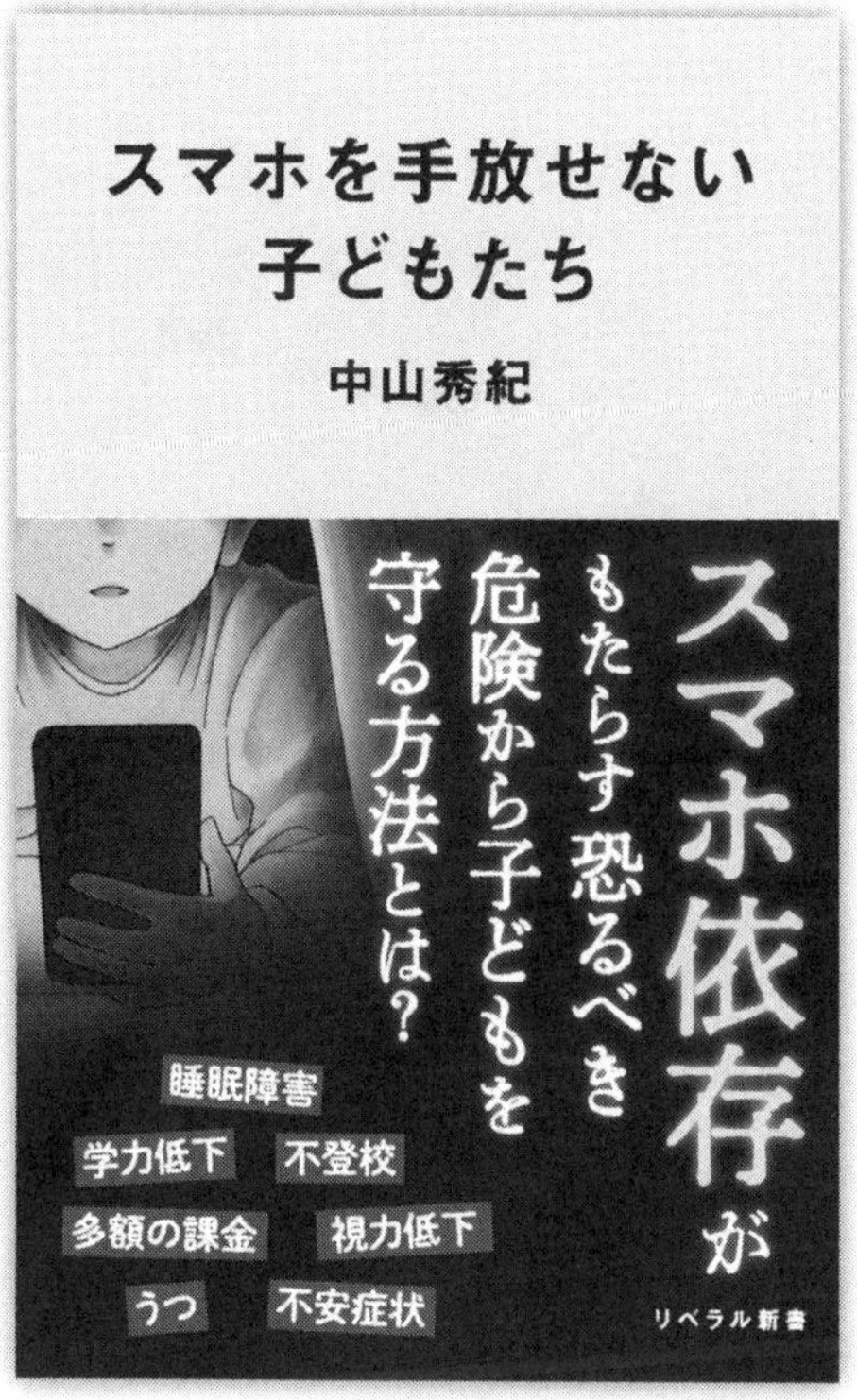

| リベラル新書008 |

スマホを手放せない子どもたち

著者:中山秀紀

便利な反面、近年スマホ依存に陥り、問題になる子供たちが増えています。スマホ依存の実情を専門医が解説。

| リベラル新書001 |

脳は若返る

著者:茂木健一郎

歳を取るたびに、イキイキする人の秘訣!「脳の健康寿命」を伸ばすための「生活習慣」「お金」「人脈」「心持ち」を紹介。

| リベラル新書002 |

「思秋期」の壁

著者:和田秀樹

老年医学の第一人者である著者が、豊かな老後を生きるためのコツを教えます。林真理子氏のスペシャル対談も収録!

リベラル新書の好評既刊

定価：900円＋税

| リベラル新書004 |

AI時代を生き抜くための

仮説脳

著者：竹内薫

科学者が教える、未来を創る発想法!! 自分の未来を劇的に変える「仮説の立て方」を紹介。

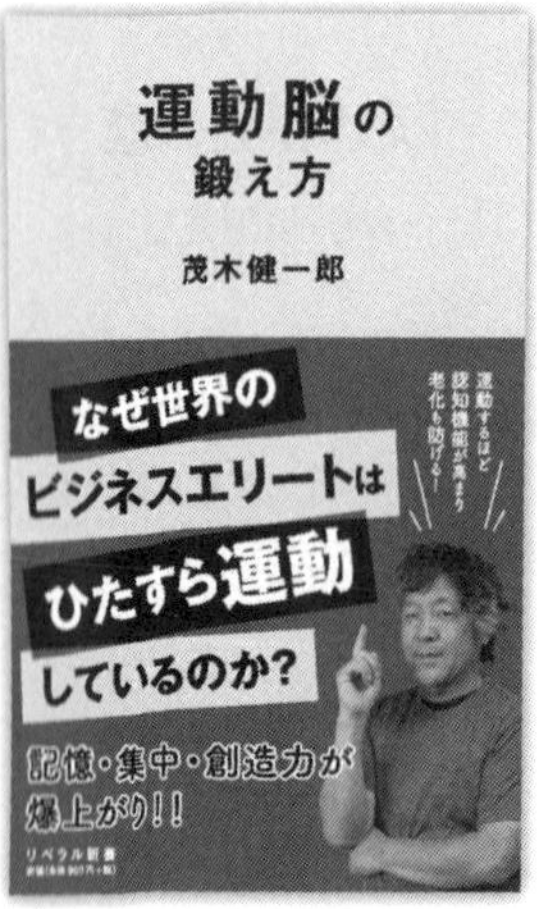

| リベラル新書005 |

運動脳の鍛え方

著者：茂木健一郎

運動するだけで学力・集中力・記憶力・創造力などの脳の機能が大幅にアップ。一流の人達が運動脳で世界を変える実例を挙げて紹介。